私の人生論

目に見えるものは見なさんな

美輪明宏

毎日新聞出版

私の人生論

目に見えるものは見なさんな

はじめに

こんにちは、美輪明宏です。

最近、人からよく聞かれることがあります。それは「日本の将来はどうなるのでしょうか」「我が国に明るい未来はあるのですか」です。

そんな時、決まってこう答えています。「私は預言者ではありません。この国が良くなっていくのか、それとも悪くなってしまうのかは天のみぞ知るです」と。多くの人から同じことを尋ねられるのは、きっと国や自分の行く末を案じる方が増えているからでしょう。

無理もありません。２０２４年１月１日に発生した能登半島地震では、多数の尊い命が犠牲になるなど甚大な被害が出ました。その後も各地で地震が頻発、収まる気配はありません。首都直下地震、南海トラフ巨大地震はいつ起きてもおかしくないと言われています。人々の気持ちを不安にさせるのは、天災だけではありません。このような事態に国民の命や財産を守るべき立場の政治家があまりの体たらくだからです。自民党議員の裏金事件は、もはや論外。これまで何度となく糾弾された金まみれの政治は、手を替え品を替えてずっと続いているのです。己の金儲けしか眼中にない連中に議員の資格はありません。国の舵《かじ》取りを任せるわけにはいかないのです。これでは誰も安心して日々の生活を送れません。ましてや将来に夢や希望を膨らませることなど到底できるはずがないのです。

ではは、世の中はどんどん悪くなっているのかと問われれば、一概にそうとばかりは言えません。例えば、皆さんが所属している組織を思い浮かべてみてください。かつて当たり前のように横行していたパワハラやセクハラは、随分少なくなったようです。上司に強要されたアフターファイブの飲み会やカラオケは、影を潜めたはず。一方、これまで企業戦士として働き詰めだった男性社員は、近年では少子化対策のために育児休暇を取得することが可能となり、大切な家族と過ごす時間も増えたのではないでしょうか。今や学校や職場だけでなくスポーツや芸術など幅広い分野で、出自や性別に関係なく、自分の能力を発揮できる時代になってきたのです。

このように私たちが暮らす現実社会では、良いことも悪いことも起きているのです。何かを得れば何かを失う。これが「正負の法則」です。「禍福はあざなえる縄のごとし」「好事魔多し《こうじまおおし》」の諺《ことわざ》をご存じの方もいるでしょう。ローマの英雄と謳《うた》われたカエサルがブルータスに暗殺されたのは有名な話。天下取りを目指した織田信長は、道半ばで家臣の明智光秀に裏切られました。栄耀栄華《えいようえいが》を極めたマリー・アントワネットの最期は、ギロチンで首をはねられたのです。

かく言う私も長い芸能生活でつらい下積みの時期も経験しました。ようやくヒット曲に恵まれた直後、理不尽なバッシングを浴びて干されたこともあったのです。

そして、驚いたことに二刀流で順風満帆と思われた大リーグ、ロサンゼルス・ドジャースの大谷翔平選手でさえも突然のけがで手術、信頼していた通訳の違法賭博スキャンダルに巻き込まれるのですから。

前述したように「正負の法則」が働くのは、人間だけではありません。地球上に存在するものはすべて、この法則から逃れることはできないのです。会社や組織、国も例外ではありません。日本の歴史を少し振り返ってみれば分かります。太平の世と言われた江戸時代が終わると、激動の明治が幕を開けました。日露戦争で大国ロシアに勝ったと喜んでいたら、関東大震災に見舞われたのです。復興もつかの間、太平洋戦争で敗れ、またしても東京は焼け野原になりました。その後、昭和の高度経済成長期に入りましたが、バブルはあっけなく崩壊したのです。

世界の趨勢《すうせい》も同じです。スペイン、ポルトガルの大航海時代を経て、19世紀にはヴィクトリア朝の大英帝国が「太陽が沈まない国」と呼ばれるようになりました。第2次大戦後、「世界の警察官」となったのは米国です。ソビエト連邦は崩壊し、ついこの前まで鼻息が荒かった中国は、もう陰りが見え始めているようです。

科学技術の発達とともに産業構造も変化します。かつて隆盛を誇った石炭産業は衰退の一途をたどり、大規模な炭鉱はほとんどが廃坑となりました。ご存じの通り、現代の主力は、ＩＴ産業。なかでもＡＩはこれからさらに発展しそうな勢いです。ただし、私が常々申し上げている通り、急速なデジタル社会への移行は、プラスの面ばかりではありません。ペーパーレスや人手不足を補うなど日常生活上の利便性、効率性は確かに向上するでしょう。ところが、パソコンやスマートフォンですべてがこと足りれば、老いも若きも四六時中、小さな画面とにらめっこ。姿勢が悪くなったり、スマホ依存症になったりすることもあります。おまけにゲームに夢中になる人が増加し、人間同士のつながりはさらに希薄になりかねません。文明の利器は、まさに諸刃《もろは》の剣。ここにも見えない法則が及んでいるのです。

では、現世でどのように生きていけば、大過なく幸福な人生を送ることができるでしょうか。それは、何人たりとも免れることができない「正負の法則」をきちんと理解して行動することです。たとえ身の丈に余るほどの成功を手にしたとしても、その後、必ずそれ以上の大きな反動がやってくるのです。月は満ちれば欠けるのですから、すべてに満足するよりも少しぐらい不平、不満があるくらいがちょうどいいのです。それよりも雨風をしのぐ家があり、毎日の食事に困ることなく元気に暮らしていけるなら、まずはそのことに感謝したほうが良いのです。同じ世界に生まれながら、日々、大勢の人が食糧難で餓死したり、戦争で命を奪われたりしているのですから。そして、誰にでも優しく、思いやりを忘れなければ、相手からも同じように接してもらえるはずです。そうすれば、人から憎まれることもなく、人間関係に波風が立つこともありません。これが、一生、平穏無事に過ごすコツです。

肝心なのは、幸せか不幸せかは自分の心持ち次第ということ。地獄も極楽もあなたの胸三寸にあるのです。

美輪明宏

2024年4月

私の人生論　目に見えるものは見なさんな　目次

第1章 身の回りにある幸せを見つめ直す

心穏やかに過ごすヒントは、日常にあふれている

第2章
人との向き合い方
相手を思いやる優しさが、人と人との絆をつくる

第3章

子供たちの未来のために

かけがえのない才能をつぶさないため、大人たちがすべきこと

第4章 新しい時代の働き方
自分を型にはめずに必要なスキルを獲得し、未来を切り拓く

第5章

デジタル社会への警鐘
アナログなコミュニケーションも大切に

第6章

よりよい社会をつくるために
自分軸をしっかり持ち、混沌の時代を生き抜く

第7章

政治に求めること
この国を変えるのは、一人一人の主権者意識

第8章 戦争のない世界へ

悲劇を繰り返さないために、私たちにできること

第1章

身の回りにある幸せを見つめ直す

心穏やかに過ごすヒントは、日常にあふれている

混沌とした社会で求められるのは、「あっちがダメなら、こっちがあるさ」の適応力

問

早いもので年が明けて1カ月が過ぎました。2016年は憲法改正を目指す安倍晋三政権の下、夏には参議院議員選挙も控えており、我が国の行く末が心配でなりません。(宮崎県宮崎市　自営業　58歳)

答

「玉虫色」の生き方で軽やかに切り抜けましょう

政治も経済も私たちを取り巻く生活環境も、まさに一寸先は闇、何が起きても不思議ではありません。こんな混沌《こんとん》とした世界を切り抜けるには、「玉虫色」で生き

ていくのが一番です。「玉虫色」というと「あいまいでどっちつかず」の否定的な意味で使われることが多いようです。しかし、本来は玉虫の「どんな光が当たっても七色に美しく輝く」に由来した言葉ですから、どのような状況になっても臨機応変にしっかり対処できる、バランス感覚に優れた生き方ということです。それは個人だけでなく会社や組織、ひいては国にも当てはまるでしょう。

まずは、私たち国民に大きな影響を及ぼす政治です。時の政権があまりにも右に寄り過ぎたり左に偏ったりすると、国が滅びる危険が高まります。それは過去の事例を見れば明らかです。先の大戦に敗れた我が国だけでなく、ヒトラーが出現したドイツやムソリーニのイタリアなど外国でも同じです。旧ソ連では指導者レーニン、スターリンが過激な共産主義を唱え、国民を混乱に巻き込みました。

ご指摘の通り、２０１６年夏の参議院議員選挙は、結果次第で日本の将来を左右する分岐点にもなりかねません。戦後、守り続けた平和国家の根本が１８０度変えられてしまう可能性が出てくるからです。２０１５年、強引に**安保法制**を成立させた安倍政権は憲法改正に必要な3分の2の議席を虎視眈々《こしたんたん》と狙っています。我々有権者は本当にそれでいいのか、十分に考えて貴重な一票を投じなくてはなりません。

バランスを欠いてはいけないのは、個人も同様です。あらゆることに対応できるだけの知識、技術、教養が求められる厳しい時代になっているのです。例えるなら、ダイヤモンドから歯ブラシまでどんな品物でも扱うデパートのような存在にならなくてはいけません。大企業の社員でさえいつリストラされたり、配置転換されたりするか分からないのですから、「僕は数字が苦手なので経理はできません」「人と話をするのが不得手なので営業は無理」では通用しないのです。

そのためには、今の会社や仕事に安住することなく日ごろから努力を積み重ねることが大切です。専門知識にさらに磨きをかけ、音楽、美術、演劇などの幅広い教養を身につけ、スポーツは観戦するだけでなく、実際にチャレンジすれば健康管理にもなって一石二鳥です。昔ながらの「経理一筋」「営業一筋」の一途《いちず》なやり方では、生きていけなくなっています。まさに融通無礙《ゆうずうむげ》、「あっちがダメなら、こっちがあるさ」の適応力が求められているのです。

業績を伸ばしている会社は、ほとんどがカメレオンのように柔軟に企業活動を変化させています。消費者のニーズを綿密に調査し、社内で幹部社員から平社員まで活発に意見を交換、常にアイデアを絞り出しています。実際の市場動向に素早く応じて次々に新商品を世に送り出しているのです。ゴマすり社員に囲まれた頭の固いワンマン社長が鶴のひと声で経営方針を決めているような会社に未来はありません。

どうです？　これからの生き方がお分かりいただけましたでしょうか。簡単なことです。皆さんが行うダイエットと同じ要領です。極端に食べ物を制限すれば、必ずリバウンドが起きる。でも、食べたい放題では病気にもなります。そのバランスをどう取るか、ただそれだけのこと。上手にできればしめたもの。どんな時代になっても必ず生き残っていけます。

2016年2月6日

＊**安保法制**…２０１５年９月に成立。「安全保障法制」から「平和安全法制」と名称を変更し、２０１６年３月施行された。集団的自衛権の行使を可能にすることなどが盛り込まれ、自衛隊の活動範囲も拡大された。

春風に舞う淡いピンクの花びらに平和な世に生まれた幸せをかみしめたい

問

毎年、春になると自宅近くの公園で花見客が大騒ぎをします。お花見の心得を教えてください。

（東京都世田谷区　主婦　57歳）

答

お花見は日本文化と伝統を学ぶ絶好の機会です

私の家の庭のしだれ桜もようやく咲きだしました。自然は本当に偉大です。毎年、忘れずに春まだ浅き頃から、梅、杏、桃の順で蕾《つぼみ》がふくらみ花をつけ、新しい季節を連れてきてくれるのですから。ご相談者はせっかくの桜を静かに愛《め》でたい気持ちなのでしょう。それを傍若無人の振る舞いで台無しにする連中がいる。腹を立てるのもよく分かります。お花見フィーバーは年々エスカレート。有名な桜の名所では早朝から場所取り。宴会が始まれば夜遅くまで酒盛り、周囲の迷惑も顧みずカラオケでどんちゃん騒ぎ、挙げ句の果ては酔っぱらい同士の喧嘩《けんか》、ゴミはそのまま捨てっぱなし。これではマナーの「マ」の字もありません。きっと桜も泣いています。

一番の迷惑は、騒音に近いカラオケではないでしょうか。桜は日本を代表する花。その可憐《かれん》で上品な花弁に似合う音楽があります。それは、和楽器です。とくに琴、三味線など柔らかい音を奏でる弦楽器とは相性がいいのです。打楽器ならばポン、ポンと小気味よい鼓《つづみ》など。そのような上品で耳に心地よいアコースティックな音楽を流せば、花見会場の周囲に迷惑がかかることはありません。もし歌を歌いたいなら、リリカルな旋律と美しい歌詞の唱歌や叙情歌、まさに滝廉太郎の「花」などがぴったりです。キンキンと脳天に響くようなエレキ系の機械音や激しいロックでは、風情の欠片《かけら》もありません。

「花の色は　うつりにけりな　いたづらに　わが身世にふる　ながめせしまに」

この句は、私が以前出演したお芝居「卒塔婆小町《そとばこまち》」（東京・新国立劇場）の主人公、小野小町《おののこまち》の一句です。ちなみにその意味は、ここでは説明いたしません。ご興味のある方は、後学のために調べてみてください。

桜は日本人が古《いにしえ》から親しんできた花です。晩年を迎えた豊臣秀吉が京都の醍醐寺《だいごじ》で盛大な花見をしたことは有名。赤白の幔幕《まんまく》を張って緋毛氈《ひもうせん》の敷物とご馳走《ちそう》。それはそれは絢爛《けんらん》豪華な宴だったのでしょう。しかし、武士の催した花見ですから、互いに礼節を重んじ、決して今のような無礼講、ハメをはずして醜態をさらすことなどなかったはずです。

お花見は良き日本文化と伝統に触れ、それを学ぶ絶好の機会です。まずは小さな命である花を慈しむ心を養い、日本の優雅な音楽に触れ、お重に入れた山海の旬の和食をいただく。春風に舞う花びらを見ながらロマンとちょっとだけセンチな気分を味わってみてください。うららかな日差しを浴びてほのかに漂う草の香に、平和のありがたさ、世界に類のない優雅で洗練された文化を持つ日本に生まれた喜びを実感できるはずです。お花見など折に触れて和の文化に親しめば、優しさ、いたわり、潔さ、恥、誇りなど日本人としての大和心がおのずと身につくのです。何も分からない子供たちに教育勅語や時代錯誤の軍国教育をすることなど言語道断です。

そして、もう一つ。１９１２年、当時の東京市長だった尾崎行雄氏が友好の証しとして米国へ贈呈した桜は、今やワシントンの春には欠かせない存在です。トランプ政権をはじめフランス、イタリアなど欧州諸国に保守派が台頭しキナくさい時代になりつつあります。そんな時だからこそ、恒久平和の願いを込めて各国に桜の苗木を贈ってみたらいかがでしょう。同時に日本の文化も紹介すれば我が国への敬意も理解も進むはずです。世界中に淡いピンクの花が咲き誇れば、人々の荒れた心も少しは癒やされるはずです。

２０１７年４月１日

定年は新しい人生のスタート
明るく楽しく過ごす人が増えている

問

先月、会社を定年退職しました。この先の長い人生、どう過ごせばいいのでしょうか。

（東京都杉並区　無職　60歳）

答

人生を謳歌する先輩方に学びましょう

このところ、会社員の定年退職後の生活がマスコミなどでよく取り上げられているようですが、私にはなぜ今、この話題に焦点があてられるのか、不思議でなりません。何を今更という感じさえします。

一定の年齢になり、定年で会社を退いた方がこれまでどれほどいるでしょうか。現在は大部分の企業が60歳定年制を取り入れていますが、１９８０年代は55歳で「ご卒業」という会社がほとんど。身を粉にして会社に尽くしたけど、年だからという理由だけで放り出された人は、世の中に山ほどいるのです。第二の人生をどのように過ごせばいいのか、テレビや雑誌で差し障りのない発言しかしないコメンテーターの意見など何の参考にもなりません。

それよりも80歳、90歳になっても生き生きと人生を謳歌《おうか》する素晴らしい先輩方の生き方、考え方を実際に聞いてみてはいかがでしょうか。身の周りにも模範にすべき高齢者は必ずいるはずです。

確かなことは、文化の力を借りると有意義に時間が過ごせるということです。それぞれに家庭環境や経済状況も異なりますから、一概には言えませんが、いつまでも明るく元気に生活をしている皆さんは、必ず何か楽しみや夢中になれる趣味を持っています。以前、退職を機に将棋を始めたという男性に話を聞いたことがありますが、その方は「将棋を指しているとあっという間に一日が過ぎてしまう。時間が足りないくらいだ」と言うのです。将棋は頭脳プレー、しかも相手との勝負。適度な刺激もあり、仲間もいつの間にか増えます。

絵を描く人も多くなりました。油絵、水彩、テンペラ画など種類も豊富、美しい景色の中で一心不乱に筆を動かせば、仕事では経験できない新たな世界が開けます。ギター、ピアノ、合唱も楽しいでしょう。お分かりでしょうか、文化には人の情緒を安定させる偉大な力があるのです。そのために文化があると言ってもいいでしょう。会社が唯一の生きがい、それを失い精神的に不安定な人にはなおさらです。

それにしても「60歳になってしまった、どうしよう」と、その時になって慌てる人が多過ぎます。学校を出て会社に入った時、いずれ定年が来ることは誰しも分かっているはず。なぜそのための準備をしておかないのでしょうか。

会社員ばかりではありません。すべての人に必要なのは、「人生の設計図」です。子供の頃に憧れた職業、その夢を実現させるにはいつどんな勉強をすればいいのか、運よく希望の会社に入れればしめたもの。残念な結果になった場合はどうするか。結婚は何歳ごろ？　子供は何人？　などの青写真をあらかじめ描いておくことです。仕事をリタイアした後の過ごし方を含めてです。もちろん、計画通りにはいきませんが、自分がより良く生きていくための指針になるのです。本来は、そういう重要なことを学校できちんと教えるべきなのです。今の教育にはそれが欠けているため、年齢に関係なく目的を見失ってしまう人たちが多いのです。

始まりがあれば、必ず終わりが来る。会社だけではありません。逆に考えれば、ゴールは新たなスタートでもあるのです。大切なのは、健康。元気なら年齢に関係なくどんなことにもチャレンジできます。

２０１８年７月１日

＊テンペラ画…西洋画の一種で、卵黄や蜂蜜などを混ぜた不透明な絵の具で描いた絵。

年齢とともに抱えるものも増えてくる引き際を見極めるのも大事な仕事

問

元横綱、稀勢の里（現・荒磯親方　編集部注：2021年12月より二所ノ関親方）が引退の際にいろいろと騒がれているのを見て気の毒になりました。私は美しい引き際を望んでいるのですが。

（神奈川県藤沢市　会社員　59歳）

答

美しい引退にはいくつものハードルがあるのです

横綱は力士としては最高峰の地位です。負けるわけにはいきません。ただでさえプレッシャーがかかるのに、１９９８年の若乃花以来、19年ぶりの日本人横綱というオマケまでついていました。マスコミや世間からの注目が大きな重圧となっていたのです。土俵で負傷して８場所連続休場しましたが、ケガや病気のつらさ、苦しさは本人でしか分かりません。一番悔しい思いをしたのは、稀勢の里自身でしょう。「横綱らしく早く辞めたほうが良かった」という声もありましたが、角界の頂点の「引退」ともなると、「もう辞めた」と簡単にはいかないのです。それはあまりにも周囲に与える影響が大きいからです。育ててくれた親方や今後の部屋の運営にも関わります。支えてくれた後援者やファンの気持ちもあるでしょう。そして、この先の自分自身と家族のこともあります。経済的な問題からメンタルな部分まで、いくつもの険しいハードルをクリアしなくてはならないのです。

２０１８年9月に華々しく芸能界を去った歌手の安室奈美恵さんは、１年をかけて各地で最後のコンサートを開催しました。すぐに辞められなかった事情は同じです。長年応援してくれたファンへのお礼はもちろん、デビュー当時からサポートしてくれたスタッフの今後の生活なども考えてラストステージまで全力を尽くしたのでしょう。自分が完全燃焼したからと、自分一人だけすぐに「今日でお別れ」というわけにはいきません。それぞれにさまざまな多くの事情を抱えているのです。

では、「美しい引き際」とはどういうものなのか。ご相談者が思い描いているのは、きっと桜の花のようにパッと咲いて惜しまれつつもいつの間にか散る、そんなイメージなのではないかと思います。会社員ならば自分の颯爽《さっそう》と活躍する姿や実績だけを職場に残して、老いさらばえる前に潔く後輩に道を譲る。なんて格好が良いのでしょうか。そういう身の引き方は、確かに理想です。しかし、残念ながら現代はそんな夢のような幕引きができるシンプルな時代ではありません。

厳しい現実に目を向けてください。この世界で生きている限り誰しも生活をしていかねばなりません。もし結婚しているなら配偶者を養う義務もあります。子供がいるかもしれません。高齢になった親の介護をしている方も多いはずです。当然、ある程度の稼ぎがなければ家族全員が路頭に迷うことになります。また、前述したように社会的地位の高い人がリタイアすれば、その影響で周囲に仕事を失う人たちが出るケースも考えられます。「引退」は決して自分だけのことではないのです。

ましてや政治家も役人も信用できず将来が見通せない状況です。一文にもならないプライドを貫こうなどと考えず、たとえ給料が大幅に下がっても、なりふり構わず会社にしがみついていたほうが得策です。背に腹は代えられません。逆に会社はこういう人たちのモチベーションをいかに高めていくか。そのシステムを一刻も早く考え出さなければ、会社の命運にも関わってくるでしょう。「武士は食わねど高楊枝《たかようじ》」と言いながらもどうにか暮らせたのは、遠い昔の話。今ではあっという間に貯えが底をつき、楊枝も買えなくなってしまいます。

2019年2月3日

過激な表現を続けた寺山修司
その胸には差別なき真の民主化への願いがあった

問

高校時代、寺山修司さんの著書『家出のすすめ』に出合い、今は短歌や俳句なども読んでいます。舞台「毛皮のマリー」に主演する美輪さんから見た寺山修司はどんな人だったのでしょうか。

（神奈川県横浜市　大学生　20歳）

答

優しく純粋な心で、すべての言葉を愛した人

恥ずかしがり屋で優しくて純粋な心を持った人でした。私と同い年です。初めて

芝居の出演を持ちかけてきたのは、彼ではありませんでした。一大ブームを巻き起こした演劇実験室・天井桟敷の最初の公演のことです。私にオファーしにきたのは、夫人で元ＳＫＤ（松竹歌劇団）の九條映子さん。１９５１年、東京・銀座に誕生した日本初のシャンソン喫茶、銀巴里《ぎんパリ》の私の楽屋で、彼女が「寺山から言付かったことがあるの」と手紙を見せてくれました。そこには「丸山さん（当時の名前・丸山明宏）に当て書きした役なので出てもらえるように頼んでほしい。丸山さんを口説き落とせたら、君が本当にあの人の親友だということを信じます」と書いてありました。それを読んだらもうおかしくて噴き出してしまいました。

舞台「毛皮のマリー」は、天井桟敷の3作めの公演です。私が演じる妖艶な男娼《だんしょう》マリーと養子の美少年・欣也の親子の純愛物語。母親の無償の愛が根底に流れています。実は作品のベースは、寺山さんと実母はつさんの関係です。それを特異なキャラクターに転化し、美しくリズミカルな台詞《せりふ》の「**詩劇**」に仕立てたのです。

初演は１９６７年9月、劇場はアートシアター新宿文化でした。初日前、舞台装置が大き過ぎて劇場に入らないというハプニングも起きました。装置を手掛けたのは美術家の横尾忠則さん。出演者もスタッフも呆然《ぼうぜん》とする中、「ノコギリを持ってきて」と寺山さんが一度解体して劇場内で再び組み立てることを提案。それを聞いた横尾さんが「僕の作品に手は入れさせない」と持ち帰ってしまい、急きょ、私の自宅の長椅子や鏡台、絵画などを運び込んでセット代わりにしました。

連日、超満員の大盛況。千秋楽の終演後、寺山さんが「申し訳ないですがもう一回やってもらえますか」と言いだしたので、私は「えっ、冗談でしょ」と答えました。すると、彼が「外の様子を見てもらえますか」と楽屋の窓を開けました。そこはもう黒山の人だかり。警察官まで出動する大騒ぎになっていたのです。その勢いに押されるように「面白い。もう一回やりましょう」とアンコール上演を決めました。新宿で「ベトナム戦争反対」の学生運動などが盛んに行われていた頃です。

この「毛皮のマリー」もそうですが、寺山さんの芝居には過激な性的表現が多用され、社会的マイノリティーの人たちが主要な役で登場したりします。その理由を尋ねたことがありました。その時、彼はこう言いました。「つまり言葉です」。世の中では人前でセックスについて話をすることは、タブーとされているが、それは間違っている。人は誰しも性行為の結果、命を授かるもの。その言葉を卑しく下品と決めつけるのは、人間の存在自体を貶《おとし》めることに等しい。世間から虐《しいた》げられている人々も同じ。たとえどんな境遇や生い立ち、ハンディキャップがあろうと蔑《さげす》まれる理由などない。むしろ、そういう彼らのほうが澄んだ心を持っていることもある。すべての言葉に市民権を与えることこそ、差別のない真の民主化につながる。そう考えていたのです。

マッチ擦るつかのま海に霧ふかし身捨つるほどの祖国はありや

寺山さんの代表作となった短歌の一つです。今、彼が生きていたら、この日本をどう思うでしょうか。

2019年4月7日

＊詩劇…台詞が詩の形式でつくられた劇。

イライラや、不愉快な思いをした時は気持ちを上向きにする魔法の言葉を

問

近ごろ、どの人もスマートフォンにかじりつき黙ってうつむいたまま。テレビでは心が痛むニュースばかり。少しでも世間を明るくする方法はないのでしょうか。

（長野県松本市　会社員　27歳）

答

「ルンルン」が沈んだ気持ちを軽やかにしてくれます

私も同じことを考えていました。２０１９年は地震や豪雨など大きな災害が続いたこともあり、余計にそう感じるのかもしれません。あちこちで多くの人たちが甚

大な被害を受け、いまだに苦難にさらされています。それなのに失態続きで大臣が次々と辞任するなど政界は相変わらず。これでは新聞を読むのもテレビの報道番組を見るのも嫌になります。国民の将来への不安は膨らむ一方で、日常生活でもイライラが募るばかりです。

せめて普段の会話の中だけでも気持ちが前向きになったり、ほっと救われたりする言葉はないものか、いろいろと探してみました。そして、見つけたのが「ルンルン」です。ランラン、リンリンではパンダの名前のようですし、レンレンは漢字で「恋々」となり大人びてしまいます。ロンロンではまるで麻雀《マージャン》。やはり、「ルンルン」が一番しっくりきます。幼い子供たちが遊びに夢中になったりどこかへお出かけしたりする時に、必ず「ルンルン」と鼻歌を歌うのを思い出しました。年齢を問わずルンルン気分と言えば、心がうきうきと弾んだ状態を指すのです。

たった4文字の言葉ですが、使い方によっては大変な効果を表します。例えば、どこの会社にも「おまえはこんなこともできないのか」と部下に激昂《げきこう》する上司がいます。怒鳴り散らすだけではパワハラにもなります。そこで叱責が済んだら、最後に「ルンルン」をつけ足せばいいのです。すると、互いに感情的になって生じた気まずい空気が、この意外なひと言でふっと解消されます。きっと「ルンルン」というユーモラスな語感とイメージがそうさせるのでしょう。それが言葉の力です。

学校や家庭でも同じように使えます。また、一人で「ルンルン」を用いてもいいのです。誰かに不愉快なことを言われて我慢ができなくなった時、ややこしい問題が持ち上がったり、辛《つら》い目に遭って憂鬱《ゆううつ》になったりしたら、「ルンルン」と声に出して何度か唱えればいいのです。そうすれば、スマホで伏し目がちだった視線も次第に上向きになり、沈んだ気持ちも軽やかになっていくはずです。

人間はいつも感情と理性の間でせめぎ合っています。どんな時でも常に感情をコントロールし、クールな頭脳と理性で物事を判断し対処していけば、乗り越えることができるのです。ところが、実際にはそうはいきません。ひとたび怒りや悲しみなどのマイナスの感情に支配されると、容易に理性を取り戻すことができなくなってしまいます。「ルンルン」は、その手助けをしてくれる魔法の言葉です。普段からお気に入りのメロディーに乗せて口ずさめば、自分も周囲の人たちもいつも明るく過ごせるでしょう。

逆に「ルンルン」が不向きなケースもあります。まずはお葬式。「このたびはご愁傷さまでした。ルンルン」では顰蹙《ひんしゅく》を買うだけです。それから、「国民の血税を使って仲間たちと桜を見る会をしました。ルンルン」などの言い逃れには使えません。

最後にもう一つ。２０１９年11月、病気でお休みをいただいたことについて。多くの皆さまにご迷惑、ご心配をおかけしてしまい、誠に心苦しく思っておりました。温かな励ましやお手紙をいただきありがとうございました。おかげでもう大丈夫です。ルンルン。

２０１９年12月１日

物質文明が招いた現代の危機に必要なのは、国語教育を通し、奥深い文学世界の扉を開けること

問

2022年度から高校の国語の指導要領が変わります。実用的な文章の能力を高める勉強が中心で、小説や詩などは選択科目になります。読書離れが加速し、名作を知らない若者が増えるのではと心配です。

（東京都台東区　会社員　56歳）

答

学生時代に読んだ本が生きるヒントを与えてくれるのです

私は若い人には手当たり次第にいろいろな作家の作品を読んでもらいたいと考え

ています。誰しも長い人生行路においてさまざまな苦悩や困難に出合うものです。時には絶望の淵に立たされることさえあるのです。そんな時に「あっ、そういえば」と学生時代に読んだ小説の主人公の生き方や考え方が心の支えや励ましになるからです。経験豊富な著者の言葉が問題解決のヒントになったり、そのひと言で目からうろこが落ちたりすることもあります。

窮地の友を助けようと自らのことは顧みず行動を起こす。太宰治の『走れメロス』でかけがえのない友情と信頼を学んだ人は多いはず。友人の恋人を好きになり教科書で読んだ夏目漱石の『こころ』を思い出した人もいるでしょう。すぐれた文学作品は人間の想像力を高め、人としての厚みを増し、人生の幅を広げるのです。

文学が人の運命に大きな影響を及ぼすこともあります。私の実家は長崎でカフェを営んでいました。住み込みで働くウエートレスさんやボーイさんたちの部屋には、純文学から風俗小説、外国文学、古典や詩集まであらゆる分野の本がいつも山積み。幼かった私はそこで字を覚えさせられ、奥深い本の世界の扉を開けたのです。子供ですからすべてを理解できたわけではありませんが、私が物語の一節を朗読したり、詩を暗唱したりするとみんなが拍手喝采。ご褒美にお汁粉をごちそうしてもらったのを覚えています。目の前はレコード店、隣は映画館、斜め前には美術骨董店があり、知らぬ間に私はこの道へ導かれていたのです。

シャンソン歌手として出演した銀巴里では、江戸川乱歩さん、川端康成さん、三島由紀夫さん、遠藤周作さん、寺山修司さん、五木寛之さんら多くの作家と知り合い、大切なことをたくさん教えていただきました。なぜこれほどの方々と知遇を得たのか、今となっては本当に不思議ですが、きっと芸術好きな少年だった私に神様が人生の設計図をこしらえていてくださったのだと思っています。

さて、文部科学省の新しい学習指導要領ですが、これは困ったものです。素晴らしい出合いと可能性をすべての生徒に等しく与えなければならない教育が、自らその芽をつんでしまうことになるからです。普段、生産性や仕事の効率ばかりを追求する政治家や文部科学省の役人が主導するから、人間を社会の歯車にするためだけの無味乾燥な国語教育しか考えられないのでしょう。

人間の能力をはるかに超えるＡＩの出現、経済優先の果てに次々と起きる気候変動。物質文明が招いた危機を目の当たりにして、今、世界中の人々に必要なものは、人間性、精神性、叙情性、心の豊かさなのです。そして、現代人の多くが、そのことに気づき始めているのです。小説や詩などの文学は、まさに人の心の奥底から湧き出たエネルギーそのもの。それを軽視する指導要領は時代の流れに逆行していると言わざるを得ません。

国語の教科書で芥川龍之介を読んで文学に目覚める人もいます。もちろん、それでも興味がないという方もいるでしょう。しかし、読む機会自体がないというのは、食わず嫌いの子供を増やすのと同じ。何でも一度は食べさせてあげるのが大人の責任ではないでしょうか。

２０２０年３月１日

人間に備わった忍耐力や生命力は、私たちが想像する以上にたくましい

問

新型コロナウイルス感染拡大防止のため各地で何度も緊急事態宣言が出されました。１００年に１度とも言われるこの試練を乗り越えるために何をすべきでしょうか。
（山梨県甲府市　会社員　57歳）

答

発想の転換をすれば、どんなピンチも乗り越えられます

どんなに激しい嵐でもいつか必ず通り過ぎます。漆黒の闇夜の向こうには朝日が待っているのです。それは歴史が証明しています。これまで人類は黒死病と呼ばれ

たペスト、致死率50％近い天然痘、４０００万人もの死者が出たスペイン風邪、近年のＳＡＲＳ（重症急性呼吸器症候群）やＭＥＲＳ（中東呼吸器症候群）、新型インフルエンザなどのさまざまな感染症と闘ってきたのです。新型コロナウイルスも日進月歩の現代科学で克服できないはずはありません。

多くの尊い命が失われる災厄は、病気だけではありません。戦争や天変地異も同じです。私は10歳の時、故郷の長崎で被爆しましたが、幸い命は助かりました。防空壕へ逃げる時、全身火ぶくれで息もせずに横たわっている何人もの人を見ました。あの時の地獄絵図のような光景は、生涯、私の脳裏から離れることはありません。多くの人が終戦後は極度の食糧難。汽車は食べ物を探し求める乗客であふれ、そのドアや窓にしがみつき、地方の農家で鍋やラジオとお米やサツマイモを物々交換し飢えをしのぎました。

その後、日本は高度経済成長期を経て立ち直りましたが、阪神大震災、東日本大震災などの巨大地震に見舞われ、最近は毎年のように各地で台風や洪水などによる大きな被害が出ています。それでも人はそれぞれ悲しみや心の痛みを抱えながら力強く生きています。人間に備わった忍耐力や生命力は、私たち自身が想像する以上にたくましいのです。

コロナ禍においては理性を保ち常に冷静に判断し行動することが大事です。そうすれば、もしまた外出自粛の状況下に置かれても不安になったり、イライラしたり、暴力を振るうなどの負の感情に支配されずに済むのです。物事を俯瞰《ふかん》で捉えることが重要です。目の前のことばかりにとらわれていると大切なことは見えません。たとえ1カ月や2カ月、自宅に閉じこもっていたとしても長い人生にとってはほんの短い期間にすぎないのです。「ピンチはチャンス」と発想を転換し、部屋で過ごす時間を逆に有効活用すればいいのです。

普段、仕事で忙しくて読めなかった書物や聴いてみたかったCDなどを思う存分楽しむ。DVDなどで名作映画を見るのもいいでしょう。小津安二郎、成瀬巳喜男、溝口健二、木下恵介ら我が国を代表する監督が手掛けた作品は、どれをとっても叙情性豊かで心に染みる名作ぞろいです。「ステイホーム」は、文学、音楽、美術、映画などの芸術に触れ、知的財産を身につけるための機会と考えればいいのです。すべてが心の栄養となり、ものの見方も広がり、自分らしく生きるための新たなヒントにもなります。

コロナ禍には、もう一つ大きなチャンスが潜んでいます。ワクチンや治療薬を開発するには、国境を超えて科学者、研究機関らが英知を結集しなければなりません。医療資源の乏しい国に手を差し伸べる優しさ、思いやりも必要です。人類を救うという崇高な使命においては、もはや国や人種、イデオロギーや宗教の違いなどは関係ないのです。見えない敵を駆逐するために地球上のすべての人が思いやりの心を通わせ、手をつなぐことです。各国の指導者たちがそれに気づけば、自国ファーストで分断された国際社会が一つになれます。ポスト・コロナの世界にも希望の光が差し込むのではないでしょうか。

2020年5月3日

時には「スマホ断ち」して芸術文化に触れてみれば、新しい自分に出会えるかもしれない

問

殺伐とした世の中に心がすさむ日々です。美輪さんはかねてから文化、芸術は心のビタミン剤とお話しされていますが、具体的にお薦めの作品があれば教えてください。　（東京都港区　会社員　60歳）

答

私たちの周りには良質な文化、芸術があふれています

私たち人間を構成しているものは、「肉体」と「精神」です。強くて丈夫な体をつくり、健康を保ち続けるためには、野菜や肉、魚介類などバランスと質の良い食事

を取ることが肝心です。好き嫌いや偏った食生活を続ければ、体調を崩したり、病気になったりします。このことは、皆さん、よくご存じだと思います。

精神もまたしかりです。人に優しく心穏やかに生活するには、食事と同様、良質な文化に触れることが必要です。叙情豊かな歌に涙ぐみ、ロマンチックな恋愛映画に胸を熱くする。この感動が心の栄養になるのです。これまで偉大な芸術家が音楽や文学、美術などの分野で優れた作品を生み出してきたのは、荒廃した人々の心を癒やし健やかにするためなのです。

では、実例を挙げましょう。まずは、音楽です。この季節（秋）にぴったりな歌があります。それが、「白月《はくげつ》」。「照る月の影みちて」との歌詞は、詩人で童謡作家でもある三木露風《みきろふう》がつくりました。作曲は、「赤い靴」などで知られる本居長世《もとおりながよ》です。宝石のような詞と情感あふれるメロディーに思わず胸が締めつけられます。「赤とんぼ」「夕焼け小焼け」「朧月夜《おぼろづきよ》」などの唱歌は、情緒纏綿《てんめん》としてどこか懐かしく心が洗われる思いがします。クラシックなら、ドビュッシーの「月の光」やラフマニノフ、ショパンのピアノ曲でしょうか。その流麗で美しい旋律は、心の琴線にまで響いてくるでしょう。

読書の秋にふさわしいのは、古今東西の名作です。夏目漱石、森鷗外、泉鏡花、小泉八雲、川端康成、三島由紀夫、遠藤周作、寺山修司ら作家の名前を挙げたらきりがありません。外国ならばトルストイやドストエフスキー、アンドレ・ジッド、モーパッサン、ジャン・コクトーらこちらも枚挙にいとまがありません。文豪たちが手掛けた小説は、いずれも人間の心理や心の襞《ひだ》が丁寧に描かれており、読む人を新たな世界へいざなうとともに、生きるヒントや勇気、希望を与えてくれます。詩を読むなら、北原白秋、中原中也《ちゅうや》、岡本かの子、金子みすゞ、ヴェルレーヌやランボーらの詩集を手に取るのもいいでしょう。詩はまさに魂の叫びです。

展覧会シーズンです。美術館に足を運ぶいい機会です。美しい女性を描き続けた東郷青児や木下孝則、乳白色の画家としてエコール・ド・パリを代表する藤田嗣治《つぐはる》、シュールの鬼才サルバドール・ダリ、アール・ヌーボーの旗手アルフォンス・ミュシャ、ポーランドの女流画家レンピッカ、印象派のマネやモネらは有名です。日本画なら横山大観、川合玉堂《ぎょくどう》、竹内栖鳳《せいほう》、上村松園《うえむらしょうえん》らが繊細で優美な作品を数多く残しています。

　最後は映画です。ご覧になっていただきたいのは、小津安二郎監督の「東京物語」「麦秋」などです。島津保次郎《しまづやすじろう》、五所平之助《ごしょへいのすけ》、成瀬巳喜男、木下恵介、溝口健二らがメガホンをとった１９３０年代から１９５０年代の邦画はどれも秀逸です。人間味あふれるストーリーと美しい映像にきっと失いかけた優しさを取り戻せるでしょう。ジャンルを問わず他にも書ききれないほどたくさんの素晴らしい作品があります。

　スマホの画面から少し目を離して、芸術や文化で精神に栄養補給をしてみてはいかがでしょう。心の奥の新しい自分に会えるかもしれません。

２０２２年10月2日

出口の見えないトンネルの中にいてもなお一人一人にできることは残されている

問

コロナ禍、戦争、物価高など厳しい時代です。政治家は当てになりません。困難を乗り切るため心に響く格言のようなものがあれば教えてください。

（千葉県市川市　会社員　55歳）

答

見えるものを見ず、見えないものを見よ

さっそくご紹介いたしましょう。まずは「見えるものを見ず、見えないものを見よ」です。これは、人を容姿や容貌、年齢や性別、肩書や職業、国籍などで判断し

てはいけないということです。もちろん、差別してもなりません。たとえ名刺に社長と書いてあっても、高級スーツに身を包んでいても、人格が優れているかどうかは別問題。聖職と呼ばれる仕事に就きながら、酒が入ると本性を現し、お店で働く女性のスカートの下に手を伸ばす連中もいるのです。人間性は見た目では分かりません。上っ面や外見に惑わされず、その人の心や魂を見ることが大切です。

いつの世にも必要な心構えの一つですが、数々の災厄が一度に降りかかった現代においてはなおさらでしょう。世界各国が出口の見えないトンネルの中、日本も例外ではありません。社会に不安が広がれば、犯罪は増加します。昨今、ＳＮＳ〈ソーシャル・ネットワーキング・サービス〈インターネット上で交流できるコミュニティーサイト〉〉を使った凶悪事件が多発、高齢者を狙うオレオレ詐欺は後を絶ちません。世の中には善人もいれば悪人もいるのです。人にだまされたり、思わぬトラブルに巻き込まれたりしないよう、この言葉をしっかりと心に留めおいてください。

政治家は当てにならないとのご指摘。特定の宗教団体との関係が取り沙汰されて右往左往する国会議員の姿を見れば、多くの国民がそう思うのも無理はありません。ただし、その議員を選ぶのは私たち有権者です。選挙の際は、候補者のルックスや雰囲気で判断することなく、きちんとマニフェスト（政権公約）を読み、人柄などの内面まで考慮して投票することが肝心です。

次は、「ほほえみはこの世の通行手形」です。殺伐とした時代です。人間関係もとかくギスギスしがちでしょう。そんな時に大いに役立つのが、ほほえみです。想像してみてください。朝、会社や学校で人とすれ違った時、たとえ見知らぬ人でもニッコリされたら気分が良いでしょう。逆に怖い顔でにらまれたら、一日中不愉快になります。どんな相手にもどのような場合でも、しかめっ面でいるよりも笑みを浮かべたほうがいいのです。笑顔は万国共通、人に安心感を与え、コミュニケーションを円滑にします。営業・商談や就職試験の面接、職場や家庭も円満になります。

「孤独とは物事を深く考え聡明《そうめい》になるチャンス」。これは自分自身を見つめるための言葉です。新型コロナウイルスがまん延して以来、老若男女を問わず、人と接する機会がめっきり減りました。確かに一人では寂しいかもしれません。その代わり、自分のために使える時間が増えるというメリットがあるのです。その時間で将来の夢や希望をかなえるため、知識を身につけたり、スキルを磨いたりすることができます。自分をじっくり見つめ直せば、新たな可能性を発見するかもしれません。孤独はマイナスばかりではないのです。

最後は「美と文化は心のビタミン」。肉体と同様に精神にも栄養が必要。良質な文化こそが、健やかな心を保つための栄養剤になると前項でもお話ししました。ここでは、そこにもう一つ。「自分を育てる親は自分、育てられる子も自分」。どんな音楽を聴き、どんな本を読むかは、自分で選ぶしかありません。ビタミン剤を手にするのか、それとも毒薬を選ぶのかは、あなた次第です。くれぐれもよくお考えください。

2022年11月6日

叙情的なメロディーに宝石のような詩、良質な音楽には心を豊かにする力がある

問

暗いニュースばかりで落ち込むことが多い時は、好きな歌を聴いてテンションを上げています。音楽には不思議な力があるようです。美輪さんの大切な歌は何ですか。（東京都板橋区　大学生　20歳）

答

たくさんの音楽が私の生きる糧になっています

楽しいご質問をいただき、私の気持ちも明るくなりました。ただ、困ったことが一つ。思い出の歌や大切な曲があり過ぎて、ページが何枚あっても足りません。幼

い頃に耳にした流行歌や唱歌、銀巴里で歌ったシャンソンの名曲、シンガー・ソングライターとして自らつくった歌もあります。さあ、どの歌にしましょうか。

まずは、私のレコードデビュー作「メケ・メケ」です。原曲はフランスのシンガー・ソングライター、シャルル・アズナヴールの詞に歌手であり、作曲家のジルベール・ベコーが曲をつけたシャンソン。それを私が訳詞しました。といってもそのまま日本語にしたのでは面白くありません。「メケメケ　バカヤロー　情なしのケチンボ」と少し乱暴な工夫を凝らしたのです。さらに、当時、男性歌手は直立不動でマイクの前に立つのが定番でしたが、私は紫ずくめの派手なファッションで軽快なリズムに乗って振りをつけて歌ったのです。それで話題となり初のヒット曲になりました。一躍スターの仲間入り、人生の転機となったのです。

「父ちゃんのためなら　エンヤコラ」。「ヨイトマケの唄」は、私が小学生の頃、保護者参観日で目にした、工事現場で働く母親の無償の愛がテーマです。当初、「こんな貧乏くさい歌は売れない」との心ない声もありましたが、地味な絣《かすり》の着流し姿でテレビで披露すると大反響。「こういう歌を待ってました」「労働者の気持ちを代弁してくれてありがとう」など全国から2万通もの投書が寄せられました。その中にはスターダムから消えかけた私への激励もありました。「NHK紅白歌合戦」でも2度、歌いました。すると、今度は若者から「元気になりました」「涙が止まりませんでした」と手紙も届きました。

「メケ・メケ」以来ヒット曲に恵まれず、低迷した時期が続いていました。その間、自分が本当に歌いたい歌、苦しい立場の人たちを勇気づけられるような曲はないのか、ずっと悩んでいたのです。外国には社会へのメッセージソングがあるのにどうして日本にはないのだろうか。そう考えて自ら手掛けた「ヨイトマケの唄」は、「ふるさとの空の下に」「金色の星」など数多くのオリジナル曲の一つです。

ご相談者はとても良い点にお気づきのようです。良質な音楽には、人の心や生活までも豊かにする力が宿っています。とくに身近にある歌は、歌い手だけでなく、世の多くの人たちの人生に寄り添い、苦しい時には励ましに、悲しい時には慰めにもなります。時には生きる糧にさえなり得るのです。では、質の良い歌とは一体どういうものなのでしょうか。

それはロマンチックで叙情性にあふれるメロディーに宝石のような詞が備わった歌のことです。いつも申し上げているように、「ふるさと」「朧月夜」「白月」などの唱歌です。また、書道で言えば楷書《かいしょ》のように丁寧に歌う藤山一郎さんの「長崎の鐘」「東京ラプソディ」は本当に素晴らしい歌です。淡谷のり子さんの「雨のブルース」「別れのブルース」も外せません。吉田拓郎さんの「旅の宿」などフォークソングにも良い作品はたくさんあります。子供の頃に聴いた松井須磨子さんの「カチューシャの唄」も覚えています。今は「フォレスタ」というコーラスグループの合唱を楽しんでいます。ぜひ一度、お聴きになってみてはいかがでしょうか。

2022年12月4日

第2章

人との向き合い方

相手を思いやる優しさが、人と人との絆をつくる

不満や文句が溜まるのはお互いさま
相手の立場に立って考えれば、接し方も変わるはず

問

会社員の夫が定年退職。一日中顔を合わせる生活が始まり、最近、気分が憂鬱でなりません。「夫源病《ふげんびょう》」と呼ばれているそうですが、何か防ぐ方法はありますか。

（千葉県千葉市　主婦　56歳）

答

憐れみいとおしく思う気持ちを忘れないで

それはお困りでしょうね。このようなお悩みの女性が本当に増えました。でも、世の中にはこんなケースもあります。「やっと私の青春が戻ってきたわ」とばかり

に妻が、定年退職した夫に料理、洗濯、掃除など一切を押しつけて連日のように外出。家事を任された夫が初めて主夫業に挑戦すると「自分でつくった食事も捨てたもんじゃないな。掃除だって俺がやったほうがきれいになるし、文句を言われ邪魔者扱いされるくらいならいっそのこと……」。それを知らずに妻が離婚を切り出すと、不承不承の顔をしながらも内心喜んで判を押す夫もいるそうです。

女性側から見た「夫源病」ばかりがメディアで取り上げられていますが、男性側からの「妻源病《さいげんびょう》」もあるということを忘れてはいけません。最近のマスコミは何かにつけて安易に女性サイドに立ってしまいがちですが、男女平等、お互いさまという問題もあるのです。定年退職して家でゴロゴロしている夫の姿に「30年以上も一緒にいたのにあんな人だとは思わなかった」と嘆く妻もいますが、そもそも結婚生活の長さだけで相手を理解していると思い込むこと自体が錯覚なのです。

朝食を慌ただしく済ませ家を飛び出していく夫、いつも夜遅く自宅に戻れば「風呂、メシ、寝る」でバタンキュー。これでは、たとえ何十年同じ屋根の下に暮らしていても相手を知る会話はないも等しいのです。たまに休日で話をする機会があっても、子供の教育問題、生活費のことばかり。夫婦が自分たちの知識、教養、趣味、夢、将来のことなどを語り合う時間はほとんどありません。これではまさに相手を「知っているつもり」「理解しているつもり」なのです。

夫源病を訴える女性が目立つようになったのは、結婚のシステム自体が時代とともに変化したからでしょう。終戦直後まで日本では親が決めた相手、家同士の婚姻が主流で、夢もロマンもなく新郎新婦が挙式当日に顔を合わせることが少なくありませんでした。両親は自分の娘に「どんな苦労があっても夫となる人に一生添い遂げるように」と厳しく言い聞かせました。花嫁が胸元に懐剣を手挟《たばさ》む礼装も、命をかけて嫁ぐという覚悟の表れです。それが今ではほとんどが恋愛結婚。舅姑《きゅうこ》、小姑《こじゅうと》、子育てなど茨《いばら》の道が続くことも知らず、それを乗り越えるだけの覚悟を教わることもなくゴールインできたと喜んでいるのです。結婚式が幸せのピーク、その後はさまざまな厳しい現実だけが待ち受けているのですから。

「夫源病」「妻源病」もそうですが、それを防ぐためには、相手を憐《あわ》れみいとおしく思う気持ちを持つことです。では、どうすればそう思えるのか。いとおしさは、相手の弱み、かわいそうなところを見つけることで生まれてくるのです。たとえ今、夫が粗大ゴミのようになってしまっても「家族のために毎日満員電車で会社に行き、顔も見たくない同僚、上司にお愛想も言って身を粉《こ》にして働いていたのね。それでこんなに人生に疲れてしまって」と発想の転換をすれば接し方も変わるはずです。同様に妻にガミガミ言われても「俺と一緒にならなかったほうがもっといい暮らしができていただろうに。こんなにやつれやがって」となるのです。

えっ、うちの旦那だけはどうしてもそう思えない？　そう言う皆さんは仕方ないですね。その代わりアンタが悪い、お前のせいだなどと責任のなすり合いは絶対いけません。双方とも言い分や原因はあるのですから、それを思い出し考え直せば相手の姿が次第に良き人に見えてくるはずです。

2016年5月7日

加齢とともに判断力や感情の抑制力は低下するもの精神安定のために文化芸術に触れる習慣を身につける

問

先日、バイト先のファミリーレストランで注文の品を運んだら、60歳ぐらいの男性にいきなり「遅いぞ！」と怒鳴られました。なぜ年配の男性はすぐキレるのですか。

（埼玉県川口市　学生　21歳）

答

キレる年配者は心と身体の〝栄養不足〟です

突然、顔を真っ赤にして怒りを露《あら》わにしたり、理由もないのに他人に声を荒らげたりする。そういう中高年の男性が多くなったということは、私も時々耳にしています。でも、昔から「年を取ると気が短くなる」と言われていますから、今に始まったことではありません。言葉は良くないかもしれませんが、以前から「キレるおじさん」はどこにでもいたのです。

ご存じの通り、日本は急速に高齢化が進んでいます。現代は4人に1人が65歳以上です。単純に高齢者の人口が増加したことで、それに伴い短気な人間が増えたということでしょう。さらに、今は情報化社会。どんな出来事でもLINEやツイッター（現・X〈エックス〉）といったSNSで瞬時に拡散される時代です。誰かの「キレられた〜」のつぶやきに「私も、私も」と賛同すれば、怖いおっさんがあたかも全国にいるように思われても仕方ありません。

では、年を取るとなぜ短気になるのでしょうか。原因はいくつかあります。50代後半から60代、70代の男性が怒りやすくなるのは、将来の不安から来ているのです。それまで家族のために仕事や雑事に追われ、自分の人生を振り返る余裕すらなかった。会社員なら定年、自営業なら子供に事業を譲る年齢になって「さあ、これから何をして生きていこう」。やることもすべきことも見失い、おまけに体力も日増しに衰えていく。若い頃は季節の変わり目で体調が悪くなることなど一度もなかったが、今はちょっとした気温、湿度、気圧の変化にも身体がついていかない。

「俺はあと何年元気でいられるのか」。そう考え始めると焦りが出てくるのです。頭のどこかで「あまり残された時間がない。急げ、急げ」と見えない時計が動き始めます。ですから、お店でちょっと料理を待たされても道路が少し渋滞しただけでも、「何時間かかるんだ」と大声を出すのです。肉体的な変化は精神にも大きな影響を及ぼします。それでいつもイライラしたり、理由もなく腹を立てたりするようになるのです。エスカレートすると電車で足を踏まれただけで相手に暴力を振るうようになります。まるで老いぼれた一匹オオカミのように攻撃的になるのです。

男性ばかりではありません。世の中の多くの女性が更年期障害で苦しんでいます。50代になると少しずつホルモンバランスが変化し、精神が不安定になったり体調不良に陥ったりします。そして、閉経後は「私はもう女を卒業したわ」と急におっさんのような態度で、傍若無人に振る舞うオバチャンもいるのです。周囲の迷惑も顧みず電車の中で仲間と大声でおしゃべりする。注意すると「何よ、あんた」と吠《ほ》えまくる。これも困ったものです。

年齢を重ねてもキレたり吠えたりしないためにはどうすればいいのか。それは若い時から心と身体に十分に栄養を与えることです。クラシックや優しいメロディーの唱歌、美しい絵画、詩、小説など、しっかりと質の良い文化に親しむという習慣を身につけることです。そうすれば、仮に体力の衰えを感じても、焦ることなく精神を安定させることができるのです。音楽や美術、文学などの芸術は心を豊かにし、精神の波長を常に高い位置で維持する力があります。同時に穏やかな生活を送るためには食生活も大切。肉食よりも野菜、魚中心のメニューに切り替えていきましょう。

もしあなたが街で理不尽にキレられた時は、笑顔でこう言ってください。「栄養が不足していますよ」。決して怒鳴り返してはダメ。同じレベルになってしまいますよ。

2017年3月4日

日本人は何事も近視眼的に捉えがち
大切なことを見逃さないよう、俯瞰することを心がけて

問

テレビや新聞で「ひきこもり」に関するニュースを目にします。私自身も会社を辞めた40代前半、そういう状態になりました。何か良い解決策はあるのでしょうか。（神奈川県平塚市　会社員　55歳）

答

一日の時間割を決め、生活にリズムをつくりましょう

ひきこもっている本人やご家族のことを考えると胸が痛みます。もはや「ひきこもり」は、社会全体の問題です。なぜそうなってしまうのか。多くの要因はその人

の成長過程にあります。

まずは、家庭環境です。「子供は親の背中を見て育つ」と言われるように、親の影響は大きいのです。可愛いからと甘やかしてばかりでは、子供のためになりません。過ちを犯した時には、理性をもって諭すように叱ることです。決して感情的に怒鳴ったりしてはいけません。暴力は言語道断。無償の愛があれば必ず子供に伝わります。いつまでも上げ膳据え膳では自立はできません。夫婦げんかの絶えない家庭で育った子供は、人嫌いになりがちです。親には子供が社会で一人前の大人として生きてゆくすべを教える責任があるのです。

次に教育環境。学校では教師からひどい言葉を浴びせられたり、仲間からいじめられたりすることもあるでしょう。それがトラウマになって人間関係を築くのが苦手になるのです。物心ついてから、攻撃的なゲームばかりをしているとゲーム障害に陥り、現実社会に適応できなくなる場合もあります。

身体的な問題もあります。生まれた時から虚弱体質だったり、病気を患っていたりすると、どこか引け目を感じたりするものです。

この問題には、私たち日本人のものの見方、考え方も深く関わっています。狭い国土のせいか、日本人は何事も近視眼的に捉えがちです。自分の目の前の情報や限られた知識だけでは、大切なことを見逃したり見誤ったりするのです。物事は前後、左右、上下、そして、頭の上から俯瞰することで本質が見えてくるのです。

今や中高年のひきこもりは60万人以上。その中には、リーマンショックで就職できなかった人たちも数多くいます。就職活動で企業から一方的に拒絶され、それを「自分の努力不足」と思い込み、ひきこもってしまった人たちです。しかし、本当の理由は世界的な経済不況。時代の巡り合わせでした。彼らには責任はなかったのです。また当時、大局観を持った政治家が即座に有効な対策を打っていれば、直面している労働力不足や財政状況もこれほどひどくなっていなかったでしょう。

いずれにしても会社を退職したり、学校を辞めたりすると、生活のリズムが著しく変化します。初めのうちは開放的な気分になるでしょうが、それも長くは続きません。次第にすることがなくなり、時間を持て余すようになります。来る日も来る日もやることがない。暇で仕方がない。人間にとってこれほどつらい状態はありません。友人とも疎遠になり、一日中、家の中でごろごろと過ごすことになります。人の体と脳の働きは、密接に関係していますから、肉体を使わないと思考力もたちどころに低下します。それが長期間続くと精神が不安定になったり、うつ病を発症したりすることにもなりかねません。

これを防ぐには文化の力に頼るのが一番です。質の良い音楽を聴いたり絵画を鑑賞したり、囲碁や将棋、チェス、スポーツなどをすれば、自然と仲間も増えますから、ひきこもりになる心配もありません。自分で一日の時間割を決めれば、生活にリズムが生まれ、メリハリのある健康的な生活が送れます。ぜひ、試してみてください。

2019年7月7日

リーダーとなるべき人間に求められるのは、相手へのリスペクトと優しい思いやり

問

2023年のWBC（ワールド・ベースボール・クラシック）では大活躍した選手たちはもちろん、栗山英樹監督の采配も実に見事でした。美輪さんはいかが思われますか。（東京都葛飾区　会社員　59歳）

答

栗山英樹監督はリーダーのお手本のような存在

ピンチに立っても慌てず騒がず、まさに泰然自若《たいぜんじじゃく》。時折、テレビに映し出される栗山監督の表情は、終始、変わることがありませんでした。時々刻々と変化する戦

況にも一喜一憂せず、理性を失うことなく常に冷静沈着。データや科学的根拠に基づいてクールに最善の策を講じる。どんな窮地に追い詰められても怒鳴ったりわめいたりすることなく、決して感情を表に出さない。これぞチームを率いるリーダーのお手本。理想の指導者像と言えるでしょう。

選手たちを見守る監督の眼差《まなざ》しや仕草からは、温かく豊かな人間性が伝わってきました。人は肉体と精神でできています。身体を健康に保つためには、食べ物でさまざまな栄養を取らねばなりません。一方、精神を高めるには、質の良い文化に触れることが肝要。きっとこの方は、これまで多くの人と出会い、さまざまな経験を積み、幅広いジャンルの知見を身につけてきたのでしょう。この二つが絶妙なバランスを保っているようです。そうでなければ、これほどまでに自身の感情をコントロールし、選手の気持ちを推し量ることなど到底できません。

不振が続いた村上宗隆選手が準決勝でサヨナラの決勝打を放ったのも、決勝戦で同点本塁打を打つことができたのも、「ムネと心中するつもりだった」という栗山監督と揺るぎない信頼関係で結ばれていたからです。ＭＶＰとなった大谷翔平選手、一躍時の人になったラーズ・ヌートバー選手らが思う存分活躍したのも、プレーヤーのヤル気を十二分に引き出した監督の並々ならぬ手腕と愛情の賜物でしょう。

選手たちと強固な信頼を築くことができたのは、立場を越えて互いに人格を認め合っていたからこそです。「俺は監督だぞ。言う通りにしろ」と居丈高に指示を出し、一方的に命令するのではなく、どんな些細《ささい》なことでも選手たちの話に真摯《しんし》に耳を傾ける。問題があれば一緒に考えて、解決していく。チーム内にリスペクトし合う対等な関係がしっかりとつくり上げられていたのです。だから、メンバー一人一人に仲間を思いやる優しさが生まれ、「チームのために」「監督のために」と団結力も一層強くなっていったのでしょう。

残念ながら、学校の体育会系の部活動には、いまだに殴ったり蹴ったり、根拠のない精神論を振りかざす名ばかりの指導者がいるようです。体罰は犯罪です。失敗やミスをした時に浴びせる罵詈雑言《ばりぞうごん》も、生徒たちを萎縮させるだけで、本来の力を発揮できなくさせてしまいます。負のスパイラルを引き起こしているのです。今すぐ栗山監督のクレバーな指導法を見習うべきです。

会社や職場も同じです。パワハラやセクハラはもってのほか。上司が部下を「お前」呼ばわりするのも論外です。話しかける時は、相手を尊重して、きちんと「さん」づけで名前を呼びましょう。丁寧な言葉づかいにすれば、たとえ年齢が離れていても、あの人なら話しやすい、話を聞いてもらえると、部下も気軽に声をかけてくるはず。仕事も円滑に捗《はかど》るようになるのです。

2023年春は統一地方選挙が行われ、各地で多くの候補者が名乗りを上げましたが、果たして次代を担うリーダーはいるのでしょうか。政界にも一刻も早く栗山監督のような人材が現れることを切に願っています。

2023年4月2日

第3章

子供たちの未来のために

かけがえのない才能をつぶさないため、大人たちがすべきこと

指導する立場の人間には胸に留めておくべき七カ条がある

問

なぜ体罰はなくならないのですか。愛のムチは本当にあるのでしょうか。

（埼玉県さいたま市　主婦　45歳）

答

感情のまま繰り返される体罰に愛など存在しません

体罰が繰り返し行われる原因は単純明快です。それは人を指導する能力がない人間が指導する立場に立っているからです。名選手が必ず名監督になるという保証はどこにもありません。過去の事例を見れば明らかです。

大阪の桜宮高校バスケット部の生徒の自殺や柔道の女子選手の告発に端を発し、各地で次々と体罰が表面化しています。実は体罰は、学校の運動部、スポーツ界に限ったことではありません。ヒステリックに物を投げつけたり、頭を本で叩いたりする教師や上司も昔からどこの学校、会社にもいるのです。

では、どのような人が生徒や後輩をきちんと指導し育てることができるのか。業種を問わず人を指導する者の資格と条件は次の通りです。

第一　技術面での良否を科学的に分析し、的確な言葉で分かりやすく説明できる能力があること

第二　理性で感情を抑制、コントロールできること

第三　嗜虐《しぎゃく》性の性癖を有さぬこと

第四　人格、技術、何らかの面において指導される側から尊敬されていること

第五　なにがしかの権力を持っていると錯覚をおこしていないこと

第六　体罰、愛のムチとは、暴行傷害を正当化するための詭弁《きべん》、卑怯卑劣な小ず

るい言い訳と自覚していること

第七　人としての恥と誇りを持っていること

言葉で論理的に相手を説得できないのは、単に頭が悪いというだけのことです。己の感情のなすがままに暴力を振るうのでは、動物と同じです。愛のムチなど決してありません。ただの言葉のすり替えです。人間は頭に血が上り、憎悪に近い気持ちになった時に手が出るのです。その瞬間、快感を覚えることさえあるのです。どこにも愛などありません。

これらの大切な資格や条件を一切考慮せず、安易に口より先に手を出す愚か者を指導的立場に据えた教育委員会、柔道連盟の人たちにも大きな責任があるのです。柔道は日本を代表する武道の一つ。根底に流れるのは、大和心です。人に厚く礼儀正しく思いやりと優しさを持って行動しないといけないのです。弱きを助け強きをくじく大いなる和の心の精神が全く守られていないのです。

残念ながらこれだけ問題になっているにもかかわらず、いまだにあちこちで体罰が行われているようです。自分だけはバレないと思っている輩《やから》がまだ大勢いるのです。止《や》めさせるためには、練習場や稽古場にカメラを設置し、いじめや体罰、暴力があった場合はすぐに通報できるようなシステムをつくることが必要です。
いずれにしても人を導くということがどれほど難しいかお分かりいただけたかと思います。さて、あなたはいくつ条件をクリアできましたか。

2013年3月2日

＊**大阪の桜宮高校バスケット部の生徒の自殺**…2012年、大阪府大阪市の市立桜宮高等学校（現・府立桜宮高等学校）バスケットボール部主将の生徒が、顧問から繰り返し体罰を受けていたことを苦に自殺。元顧問は傷害罪などで有罪判決を受けた。

＊**柔道の女子選手の告発**…ロンドン五輪の柔道女子の日本代表選手らが強化合宿で園田隆二監督らによる暴力やパワーハラスメントがあったことを日本オリンピック委員会（ＪＯＣ）に告発。柔道界のみならず、日本スポーツ界全体を揺るがす大問題となった。

優美な音楽や文学などで情操を養えば、他人の痛みが分かる優しい人間に育つ

問

リオデジャネイロ五輪（2016年）での若い日本選手の活躍は見事でした。一方で10代の少年の凶悪な犯罪が後を絶ちません。最近、若者が二極化しているように思います。（福島県福島市　会社員　58歳）

答　**良質な文化は健全な精神を育てる心のビタミン剤です**

まさに「光と影」「明と暗」ですね。良い機会です。まずは人間が何でできているかを考えてみましょう。第1章（55ページ参照）でもお話ししたように、人をつくっ

ているのは「肉体」と「精神」です。私たちは健康な身体を維持するため、肉や魚、野菜など毎日バランスの良い食事を取ることが必要です。では、健全な「精神」を保つために欠かせないものは何か。それは、音楽、文学、美術、スポーツなどの文化に十分に接することです。良質な文化は、心のビタミン剤。このことを理解している人は意外に少ないのです。

リオ五輪での選手の活躍は、内村航平、白井健三、水谷隼《みずたにじゅん》、伊調馨《いちょうかおり》選手ら枚挙にいとまがありません。彼らは、幼い頃からスポーツという栄養を摂取して大舞台で思う存分力を発揮しています。まさに鍛えられた肉体には健全な精神が宿っているのです。

好感が持てる若い才能の出現は、スポーツ界だけではなく、長い間、不良文化がもてはやされた芸能界にも正統派を見かけるようになりました。俳優なら向井理《おさむ》さん、斎藤工《たくみ》さんら、女優なら檀れいさん、小雪さん、新垣結衣《あらがきゆい》さんらもそうです。斎藤さんはかつて3000本以上の名作映画のDVDを鑑賞したと聞いています。

映画を見ることによって、作品の主人公の生きざまを自分に重ね合わせ、さまざまな人間の人生を疑似体験することができます。良い映画を見ることは、滋養に富んだ心の栄養となり、人を成長させるのです。

気をつけなくてはならないのは、身体に悪い影響を及ぼす食品があるように、文化の中にも精神を著しく害する有毒なものがあるということです。不幸にもそれらは世の中にあふれ返っています。それは、次から次に敵に銃弾を浴びせ相手の首や腕をポンポン吹き飛ばして進んでいくゲームやアニメ。さらに、爆発現場から這《は》い出してきたようなボサボサのヘアスタイルや、まるで殺人鬼を思わせるボロボロのファッション。刑務所か死体置き場のようなコンクリート打ちっ放しの建築物やインテリアの中での生活などです。それでいて四六時中、スマホを気にしていては、健康な精神状態を保てるはずはありません。

そんな凶悪で低俗な文化を垂れ流しているのは、一部の金銭至上主義に陥った企業家たちです。現代の若者が二極化しているかどうかは定かではありませんが、子供が物心ついた頃から、優美でロマンあふれる音楽を聴かせ、人の生き方を説く文学などを読み聞かせ、美術やスポーツなどで情操を養えば、他人の痛みが分かる優しい人間に育つでしょう。逆に残虐な行為を繰り返し、命を軽視するバーチャルな世界にはまってしまうと心に闇を抱えた若者になってしまいます。企業の責任も重大なのです。

以前、テレビで「若者たちを犯罪に走らせる原因は、貧困や両親の離婚などです」と話していたコメンテーターがいましたが、それは違います。どんなに悲惨な環境に生まれ育っても、努力して天性の汚れのない品性を保ち、立派に真っすぐな大人になった人間は数限りなくいます。私の歌う「ヨイトマケの唄」のモデルになった青年もそうです。家庭環境に負けてしまうのは、本人の資質の問題もあります。己を救うのもおとしめるのも己自身なのです。「地獄極楽は胸三寸にあり」と申しますから。

２０１６年９月３日

「大正ロマン」の残り香が漂う中で過ごした少年時代その体験が「美輪明宏」をつくり出した

問

私は子供の頃からロックやポップスが好きでしたが、初めての出産を経験してからは童謡を聴いたり、歌ったりしています。子供にも音楽を好きになってもらいたいと思います。美輪さんの音楽との出合いを教えてください。

（北海道札幌市　主婦　28歳）

答

童謡には「子供たちに夢や希望を」との願いが込められています

それはとても結構なことですね。今回は久々にほほ笑ましいご相談で、こちらまで幸せな気分になります。今、どんな歌をお子さんに聴かせてあげていらっしゃるのでしょうか。日本には素晴らしい歌が数多く残されています。聴いているだけでいつの間にかとげとげしくなってしまった心が癒やされる、そんな歌が童謡や唱歌、叙情歌です。ちょうど赤ちゃんにぴったりなのは、「ゆりかごのうた」かしら。北原白秋の優しい詩に美しいメロディーがついた子守歌です。

大正時代に「子供たちに夢や希望を」との願いを込めてつくられたのが童謡です。作詞を手掛けた北原白秋や西條八十《さいじょうやそ》らは日本を代表する詩人。その歌詞はまるで宝石がちりばめられたように輝いています。秋には「赤とんぼ」、春になったら「朧月夜」、もう少し成長したら「荒城の月」など四季折々に名曲があります。くしくも2018年は「童謡誕生100年」だそうです。もちろん、子供だけではありません。煩雑な生活に追い立てられる大人が聴けば、どこかへ置き忘れた大切なものを見つけることができるはずです。

私はこの世に生を受けてすぐに音楽と出合いました。私の実家は、長崎でカフェや料亭を営んでいて、日の暮れる頃、カフェにはクラシック、ワルツ、タンゴなど西洋音楽がBGMとして流れていました。料亭のほうでは、いつも芸者さんたちが三味線、長唄、小唄、**端唄**《はうた》の稽古をしていました。家の目の前は楽器も扱うレコード店でしたから、その店先からは絶えず流行歌や浪曲まで、あらゆる歌があふれていました。おまけに隣は、古い劇場。そこでは大衆演劇から**レビュー**や歌舞伎、日本映画からフランス映画、ドイツ映画まで上映していました。

ちょうど第2次大戦前、まだ「大正ロマン」の残り香が漂っていた頃。青いガラス瓶が夕日に照らされて妖しい光を放つような、果物が熟れて細い枝から今にも落ちそうな、そんな甘美な危うさが感じられる時代でした。オスカー・ワイルドの著書『サロメ』、その挿絵を担当したオーブリー・ビアズリーの世界です。まさに退廃美ですね。多感な少年時代をそのような環境で過ごしました。おかげで音楽はもちろん、芝居、踊りなど、ありとあらゆる文化を肌で吸収することができたのです。

それらが気づかないうちに血となり肉となり、現在の美輪明宏を形づくったのでしょう。

生まれた時代、場所、そして家庭環境も、私の場合は特殊でしたから、あまり参考にはならないかもしれませんね。でも、一つ言えるのは、親が子供のために愛情をもって良質な歌を聴かせてあげれば、その子はきっと音楽が好きな優しい人に成長します。お母さんの子守歌は生涯忘れることはありません。

本当に良い歌は、時代を超えて永遠に歌い継がれていくものです。

2018年9月2日

＊**端唄**…短い歌詞を三味線の伴奏で唄う歌曲。
＊**レビュー**…舞踏や音楽、寸劇などで構成される舞台芸能。

子供は日々の触れあいから思いやりを学んでいくデジタル化で孤立させてはいけない

問

菅義偉《すがよしひで》政権がデジタル社会の実現に向けて躍起になっています。しかし、便利だからと言って、世の中すべてをデジタル化するのはいかがなものでしょうか。

（東京都三鷹市　会社員　57歳）

答

「教育」が単なる知識の伝達となってはいけません

ＡＩや５Ｇなど新しい技術が次々と開発され、私たちの生活に変革をもたらしています。デジタル国家への転換は、世界の大きな流れの一つ。その動きにコロナ禍が拍車をかけたのです。働き方をテレワークにして無駄な会議をなくし、申請書や企画書などはすべてペーパーレスにする。人と時間と資源の有効活用で行政や民間会社のサービスを向上させる。そうなれば大いに結構ですが、危惧しなければならないこともあります。

それは、子供たちの「教育」です。ご存じの通り、新型コロナウイルス感染拡大防止のために通常の授業を行うのが困難となり、多くの学校がオンライン授業を導入するようになりました。そして、さらなる拡大に向けての環境整備を図っています。「生徒1人にタブレット1台」との文部科学省の後押しを受け、教育現場のデジタル化はコロナ後も続くでしょう。

教師も生徒も端末の画面の中。自宅でのオンライン授業で「学習の能率が上がった」という声もあるようですが、果たしてそれで良いのでしょうか。もちろん、双方向性ですから互いに質問したり答えたりのやり取りは可能です。しかし、いくらテクノロジーが進歩したとは言え、平板な機械からでは、教師の熱意や生徒の意欲、互いの息遣いなどを感じ取ることができるとはとても思えません。仏教に「面授《めんじゅ》」という言葉があります。本当に大切なことは直接面と向かい合わなければ伝わらないという意味です。

壺井栄《つぼいさかえ》の名作『二十四の瞳』という小説をご存じだと思います。瀬戸内海の島の分校に赴任した若い女性教師と貧しい村の12人の教え子たちとの絆の物語です。何度も映画やドラマになりました。そこに描かれているのは、一人一人の生徒に深い愛情を注ぎ、慈愛の眼差しで子供たちをいつまでも見守る教師の姿です。「教育」とは、教え育てることです。単なる学問や知識の伝達ではありません。先生や級友たちと教室で一緒に勉強したり、校庭で仲間と汗を流したり、放課後はおしゃべりを楽しんだりする。喜怒哀楽にあふれた日常の出来事から、思いやりや優しさ、痛みやぬくもりなど人として生きていくための心を学ぶのです。それらがすべて縦糸や横糸になって一人前の大人に織り上げていくのです。

社会のデジタル化が進めば進むほど、人はどんどん孤立していくのです。かつて電話と言えば、一家に1台。それが今や小学生まで自分のスマホを持つ時代になりました。それも会話やメールだけでなく、ネットやゲーム、音楽などのありとあらゆる機能がついています。そのために大人も子供も四六時中スマホとにらめっこ。新しいツールが一人の時間を圧倒的に増やしてしまったのです。

　そんな生活が長く続けば、他人とコミュニケーションが取れない人間になってしまうことがあります。近年、ＳＮＳに絡むトラブルが激増、その中には命さえ奪われる残忍な事件も起きています。これらも拙速なデジタル化の弊害の一つです。まさに文明の利器は諸刃の剣。何かを得れば必ず何かを失う。これが「正負の法則」です。この世にはアナログのままにしておいたほうがいいものもあるのです。くれぐれもお忘れなきように。

２０２０年11月1日

個性と才能を開花させることが学校教育の役割
校則で生徒を縛りつけることではない

問

先日、新聞で長髪禁止の校則に悩んでいる高校生の記事を読みました。私の中学時代も男子は丸刈りと決まっていました。そんな校則が現代に必要なのでしょうか。（神奈川県鎌倉市　会社員　62歳）

答

いっそ生徒と一緒に新しいルールづくりをしてみては

生徒の心を傷つける理不尽な校則がいまだにあるようです。髪の毛が耳にかかってはいけない、もちろん、長い髪はもってのほか。つい数年前まで男子生徒は全員丸刈りという公立中学校もあったそうです。なぜ男子が髪を伸ばしてはいけないのか、私には合理的な理由が見つかりません。中にはトラウマになってしまうような、もっと酷《ひど》い「ブラック校則」もあるのですから、これは本当に根深い問題です。

歴史を振り返ってみましょう。明治政府が出した「断髪令」をご存じの方も多いと思います。それまで成人男性は、武士も町人も丁髷《ちょんまげ》でしたが、それを廃止して「髪型は自由」としたのです。髪の毛は短くても長くてもお構いなし。もともと髷を結うには、髪を長く伸ばさなければなりませんから、男の人が髪を長くしても誰も気に留めなかったのです。

では、海外ではどうでしょう。バッハやモーツァルトなどの肖像画をご覧になったことはありませんか。どの男性もまるで美容院でセットしたような美しいウェーブのロングヘアです。もっともあの髪形は、今で言うウィッグ（かつら）のようなものですが、当時の社交界ではそれが紳士の身だしなみとされていたのです。

我が国に青少年は丸刈りという風潮を定着させてしまったのは、戦前、戦中の軍国主義です。何百、何千の兵隊や国民を統率するファシズムには、一人一人の個性は最も邪魔な存在でした。それを排除するために制帽や制服、靴、靴下に至るまですべて同じものを身に着けさせ、頭髪は丸刈りに統一したのです。女性も同様です。パーマをかけたり、髪を染めたりすることは許されず、全員モンペ姿が決まりでおしゃれをすることは許されませんでした。終戦直後、小学5年生の私が髪を伸ばすと、「なんだ、その頭は」と元軍人の教師に毛髪をつかまれ、引き倒されそうになったことさえありました。

長髪禁止という校則は、言うなれば、あの時代の残滓《ざんし》。それがいまだに多くの学校でなくならないのは、戦後、長く続いた「管理教育」も理由の一つかもしれません。学校での集団生活を維持するために個人の思考や行動よりも社会性や協調性を優先させる。そのためにサディズムの教師が権威を振りかざし一方的に生徒を枠にはめようとする。その手段が校則だったのでしょう。軍国主義、全体主義と同じ手法を感じてしまいます。

ともあれ、昨今の教育現場では、残念ながら熱心な先生方の指導が及ばない不良の生徒たちがいるのも事実。まさに二律背反、一概に校則をなくしてしまうというわけにもいきません。それならばいっそのこと、生徒たちと一緒に新しいルールを考えてみてはいかがでしょうか。どうすれば健全で有意義なスクールライフが過ごせるのか。男子生徒、女子生徒から互いに理想とする生徒像や学校生活を聞けば、その目標へ向かってすべきこと、してはいけないことがおのずと見えてくるはずです。

人は生まれながらにして誰しも豊かな個性と無限の才能を持っています。それを伸び伸びと思う存分に開花させるのが学校教育の役割の一つです。そうすることが私たち全体の未来にもつながるのです。もう「下着の色は白」じゃなくてもいいと思います。

2020年12月6日

幸せを感じるか否かは自分の心象風景次第
人生がうまくいかないことを親のせいにするのは筋違い

問

「親ガチャ」という言葉が話題になっています。人生は親次第、そう思う若者が増えているそうです。こんな風潮を美輪さんはどうお考えですか。

（東京都杉並区　会社員　62歳）

答

「親のせい」で人生が決まることなどありません

若い人たちが親ガチャにハズれたとか、当たったとか話しているのは知っています。この言葉自体はクツワムシのような音感で良い印象は受けません。初めてお聞きになる方も多いと思います。「ガチャ」とは、オンラインゲームでアイテムを取得すること、もしくは自動販売機でカプセル入りの玩具を買うことです。双方とも何をゲットできるか分かりません。自分では選べないのです。すべて運頼みということです。

それを親子関係になぞらえたのです。何不自由ない裕福な家庭に生を受ければ大当たり。その反対ならばスカを引いたという意味です。幼い頃からゲーム漬けの世代です。あらゆることをゲーム感覚で捉えてしまうのも無理はありません。しかし、実際に親が子供に与える影響が大きいのは確かです。有名大学の学生の親の年収が高いのは事実ですし、親からの援助を受けられずコロナ禍で生活に困窮して退学する学生もいます。乳母《おんば》日傘で子供を可愛がる親もいれば、暴力を振るってかけがえのない命さえ奪ってしまう親もいるのです。

ただし体に不自由もなく健康なのに自分の置かれている境遇や立場が思うようにならないからといって、それを親のせいにするのはお門違いです。生まれた家が悪かったとやけになったり開き直ったりするのも見当はずれです。現代は封建社会ではありません。親の身分を子供がそのまま引き継ぐ制度などないのです。親ガチャもそうですが、人は自らの意志や力が及ばないこと、予期せぬことが身に降りかかった時、よく「宿命」や「運命」を口にします。

では、宿命と運命の違いをご存じでしょうか。宿命は、命と一緒に授けられる人生の青写真です。どんな両親の下に生まれて、どのように育ち、どういう学校に進んで何の仕事に就くのか。結婚するのかしないのか。長生きなのか短命で終わるのかなどです。そして、人それぞれに嬉しいこと、悲しいこと、つらいことが数えきれないほど用意されています。この世は魂の修行場。そのためにさまざまな経験をさせようと天界の先祖や守護霊、指導霊たちが協議して決めているのです。

宿命は大まかな設計図ですから「予定は未定にして決定に非《あら》ず、しばしば変更することあり」です。人生の枝葉の部分は、自らの心がけで変えることが可能です。これが運命です。運命を好転させる方法はただ一つ。困っている人や弱者に手を差し伸べ、どんな人にも優しく親切に接するなど善い行いを積むことです。そうすれば苦労や困難も上手に乗り切ることができます。日ごろの善行が天界の方々に認められ、飛び級してランクアップするのです。

昔から「地獄極楽は胸三寸にあり」と言われています。現世でも清く明るく美しくいつも感謝の心を持っていれば、極楽にいるように心穏やかな日々を過ごせる。その逆に人を恨んだり、妬《ねた》んだり、羨《うらや》んだり、暗く荒《すさ》んだ気持ちでいては、地獄と同じ苦しみを味わうという意味です。幸せかどうかは、自分の心象風景次第なのです。このような先達の教えや知恵は、かつては聖職者や宗教者から多くの人々に伝えられていましたが、今はその機会も少なくなってしまったようです。いっそのこと説法や法話が当たるガチャでも開発してみてはいかがでしょうか。

2021年10月31日

現代社会はいつ何が起きるか分からない だからこそチャンスが転がっている

問

「学歴社会」と言われて久しいですが、近ごろは中学受験が過熱していると聞きます。美輪さんはエスカレートする「受験戦争」をどうお考えですか。

（埼玉県所沢市　著述業　64歳）

答

他人にない「強み」が自分を守る武器になります

ひと昔前は、受験と言えば「大学受験」と決まっていたのに、ご指摘の通り、今や「中学受験」も珍しくないようです。２０２２年、首都圏の私立、国立中学校の入学試験を受けた子供たちは、5万1000人を超え過去最高。その数は年々増えているといいます。最近は、有名中学校を目指す様子をテレビで取り上げるなど世間的な関心も高まっているようです。

戦後、大学進学率は右肩上がり。今や男女とも高校生の6割近くが大学へ進むようになりました。受験生やその家族にとっては苦労も多々あるでしょうが、それだけ多くの人たちに教育を受ける機会が行き届くようになったということです。戦前は高等教育を受けられるのは、名家や金持ちの子息だけ。大卒の女性はめったにいませんでした。貧乏な家の子供は、家計を助けるためにすぐに働きに出るのが当たり前。そんな時代に比べれば、格段の進歩です。

ご存じのように「教育を受ける権利」は、日本国憲法で保障されています。ただし、いまだに経済的な格差があるのは事実。東大生や有名私大の学生の親の年収が平均より高いというデータもあるそうです。一方、コロナ禍でアルバイトができずに学費が滞り、せっかく入った大学をやめてしまう学生もいます。現実を目の当たりにすると、これからも憲法が掲げる崇高な理念の実現に向けてさまざまな改革が必要なようです。

いっそフィンランドやスウェーデンのように大学までの教育費を無料にするとか、さもなければ、奨学金や助成金の制度を拡充したらいかがでしょうか。当然、「学問の自由」「大学の自治」は侵すべからずです。誰でも分け隔てなく伸び伸びと勉学や研究に専念することができるようになれば、我が国の将来を担うような有能な人材もきっと育つはずです。子供一人を中学校から大学まで私立に通わせると、2000万円以上かかる場合もあるとか。無償化すれば、教育費の名目で貯蓄に回ったそのお金が個人消費へつながる可能性もあります。

少子化が続く中、有名大学は相変わらずの狭き門です。その理由は、世の中に「○○大学卒」の肩書が欲しい人が大勢いるからではないでしょうか。いつの世も、自分の子供を一流企業に就職させたい、安定した仕事に就かせたいなど、冒険させるよりも「寄らば大樹の陰」を願うのが親心なのです。そのために我が子に有名大学のブランド力を身につけさせるのです。その後、運よく入社した大企業の名刺も同じです。どちらも、社会を渡っていく上での「身分証」のようなものなのでしょう。

ところが、ＡＩやデジタル化で産業構造も大きく変化、終身雇用制も揺らいでいます。会社が倒産したり、リストラされたりするようなことになれば、せっかく手にした「身分証」も役に立ちません。不測の事態に備えるには、日ごろから自己分析を行うことが大切です。

自分の得手不得手や向き不向き、他人にない「強み」を見つけ出し、それに磨きをかけておく。そうすれば、いざという時、自分を守る武器になるのです。

悔しい思いで春を迎える受験生もいるでしょう。でも、落ち込むことはありません。現代はカオス（混沌）。いつ何が起きるか分かりません。裏を返せば、それだけチャンスも多いということです。

2022年3月6日

第4章

新しい時代の働き方

自分を型にはめずに必要なスキルを獲得し、未来を切り拓く

他人の意見に惑わされず的確に判断する力を身につけ自分らしく楽しく生きれば、必ず未来は拓ける

問

大学を卒業し、春から社会人になりました。受験戦争、就活をクリアし晴れて希望の会社に入ることができたのですが、不安もあります。これから厳しい社会で生きていくために何かヒントがあれば教えてください。

(東京都八王子市　会社員　23歳)

答

社会人はあらゆる知識こそが武器になります

桜の季節は、人それぞれの新たなスタートの時期です。新社会人やピカピカの1

年生が誕生し、会社では春の人事異動で出世した人もいれば、不本意な役職を命じられた方もいるでしょう。うれしい春を迎えた人もいれば、逆に「全然めでたくない」という人もいるかもしれません。相談者の方は、自分の入りたい企業に就職できたということ、まずはおめでとうございます。

さあ、問題は、その次の「社会で生きていくためのヒント」ということですね。これは、一口では言えない実に難しい話です。以前のようにサラリーマンと言えば、商社マン、銀行員、公務員などと誰もがすぐに思いつく限られた職種、就職口しかなかった時代ならともかく、現代はＩＴ産業の急速な発展とともに想像もつかなかった新しい企業、仕事が際限なく増え続けています。中には人と接することもなく一日中、パソコンの画面と向き合うような職場も多いと聞きます。ですから、これまでのように「最も大切なことは人間関係です」などと、一概には言えない複雑な社会になっているのです。

そんな社会に羽ばたくネット世代の若者気質も気がかりです。子供の頃からゲームというバーチャル世界に没頭し、何か疑問や分からないことにぶつかると、簡単にネット検索で答えを見つけてきた世代です。図書館に足を運んだり、学校で先生に質問したりするなど、自らの手で調べ、考え、行動してきた、それまでの若者とは明らかに違います。さらに、「恋愛にも興味を持たない」というアンケート結果を聞くと、スマートで頭はいいが、人間味に欠け、自分の気持ちや感情が分からない、出せない、無感動な人たちという印象が強いことも確かです。

他人にはすぐには分からないような多種多様な仕事や職種に〝新・新人類〟が従事するのですから、今からの社会はますます複雑怪奇になり、まさに絡みついた糸のように容易に解きほぐすことはできません。小学生から塾通いで、有名大学を目指し、卒業して一流企業に入れば人生安泰と言われた「右向け右」の人生は、もう過去のことです。

グローバル化がもてはやされる昨今ですが、国際社会も国内以上に混沌とした状態です。民主主義対共産主義、東西冷戦など単純な二極化は、今や昔。米国の国債を世界で最も大量に保有するのは、日本ではなく中国です。フランスの総合原子力企業、アレバ社（編集部注：2018年2月に再編され、現在はオラノ社）はクリミア問題でEU、米国と対立するロシアのシベリアに核廃棄物を非合法に投棄しています。世界中で各国の利害関係が入り乱れています。このように文明・科学が発達すればするほど、利便性、経済性は増す半面、複雑さの度合いは高まるのです。

このような難しい環境をより良く生き抜くためには、ありとあらゆる知識、教養を身につけ一人一人がきちんとした価値基準を持つことです。生活用品から趣味、仕事、人間関係に至るまで、自分に何が必要か。他人の意見に惑わされず、さまざまな誘惑に負けることなく的確に判断する能力を備えることができれば、どんな時代になっても自分らしく楽しく生きていけるでしょう。

フレッシュマンの皆さんにとっては大変な春になりましたね。でも、負けずに頑張ってください、必ず未来は拓けますから。

2014年4月5日

会社は誰かがいなくなっても勝手に動いていく 命より大事な仕事など存在しない

問

大手広告代理店の新入社員が過労自殺したことは大きなショックでした。私が勤める会社も忙し過ぎてとても人ごとと思えません。労働環境の整備などを目的に、２０１６年、安倍政権は「働き方改革実現会議」をスタートさせましたが、果たしてどれだけ改善されるか疑問です。

（東京都文京区　会社員　45歳）

答

会社は「バケモノ」と捉え、働く側も意識改革を

希望を持って会社に入りわずか数カ月で自ら命を絶ってしまうとは、何と悲しいことでしょうか。言葉も見つかりません。新聞やニュース番組などで尋常ではない社内事情、労働環境が次々と明らかになっていますが、まさにこの会社はブラック企業そのものです。1日20時間も働かされれば、睡眠時間もありません。社員手帳に「取り組んだら放すな　殺されても放すな」など「鬼十則」と言われる非情な心構えが掲載されていたといいますが、命より大切な仕事などこの世には何ひとつありません。

私はこれらの恐ろしい状況を知り、すぐに戦時中の軍隊を思い浮かべました。上官の命令にはどんな理不尽な要求にも絶対服従。ひと言でも意見をしようものならすかさず鉄拳が飛んでくる。さすがに現代ではそれはないでしょうが、その代わり言葉の暴力はあります。何事につけ「根性、根性、根性」の精神至上主義をごり押しする前時代的な発想のまま。驚くべきはいまだに大企業の職場でそのようなことが日常茶飯事に行われていたということです。きっと同じようなことをしている会社は他にもあるでしょう。

私は現代人の多忙な働き方を見ているといつもチャールズ・チャプリンの映画「モダン・タイムス」を思い出します。パソコン、スマホをはじめ、さまざまな事務機器やツールが開発されているにもかかわらず、人の労働量は増えるばかり。便利な機械ができれば、本来は人の作業は減るはずなのです。ところが、現実はその逆。上手に使いこなすはずのマシンにあべこべに人間が支配され、部品の歯車にされているからです。パソコンの前に一日中座り続ける会社員、歩きながら食事をしながらいっときもスマホを手放さない若者たち。まさにパソコン中毒、スマホ中毒です。

その画面から出るブルーライトを長時間見続けると、目に不調をきたすばかりか、重度の肩こり、睡眠障害、時には脳に悪影響を及ぼすことがあると聞きます。夜、ブルーライトを浴びると体内時計が乱れて不眠になる。不眠になると自律神経のバランスが崩れ、突然身体が震えだす。怖くて電車に乗れなくなったり、信号が青になっても横断歩道を渡ることができなくなったりしてしまうこともある。このような症状が出たら要注意。知らないうちにブルーライトに侵されているのかもしれません。パソコン、スマホと距離を置くべきです。これはパソコン、スマホによる現代病の一つです。

会社に対する考え方も改めたほうがいいでしょう。会社は毎年新入社員を食べて、老社員を排泄《はいせつ》し成長していく怪物。社員がいくら会社のために私生活や家庭を犠牲にして働いても、相手はバケモノです。感謝の気持ちなど微塵《みじん》もありません。社員が血と汗で稼いだ利益を容赦なく吸い上げるだけです。また、どこのオフィスにも「俺がいないと会社が立ちゆかなくなる」などと一日も休まず出社するオッサン社員がいますが、それは大間違いです。会社は誰がいなくなっても勝手に動いていくもの。たとえそれが役員や社長でもです。

安倍政権の掲げる「働き方改革」には、「長時間労働の是正」「子育て、介護と仕事の両立」など高邁《こうまい》な理想がいくつも掲げられています。それがどこまで実現できるかは、明確なルール化と企業側の柔軟な対応によるでしょう。大切なのは今こそ

「人間らしい生き方」を見つめ直すこと。「働く側」の意識改革も必要なのではないでしょうか。

２０１６年12月3日

＊**大手広告代理店の新入社員が過労自殺**…２０１５年、広告大手・電通の新入社員だった高橋まつりさん（当時24歳）が長時間労働やパワハラを苦に自殺。電通は遺族に解決金を支払うとともに18項目の再発防止策を取ることに合意した。

スローガンを掲げるだけの多弁空疎な政権に頼らず自分に合ったシニアライフは自らつくる

問

安倍首相が定年を65歳にするとか、70歳まで働けるようにするなどした「生涯現役社会」を提唱していますが、単なる年金給付の先延ばしではないでしょうか。

（新潟県上越市　著述業　60歳）

答

働くことは老後を充実させることにつながります

もはや日本の人口の3人に1人が65歳以上の高齢者です。年金を支える、いわゆる生産年齢人口は減る一方なのですから、働き手の数を増やさなければなりません。

その対策として安易に掲げられたのが、「生涯現役社会の実現」です。安倍首相は「全世代型社会保障改革」の一つと声高に訴えていますが、実はお金を払いたくないだけなのです。一人でも多くの国民を就労させ、年金を支える側に留め置きたいのです。

1000兆円を超す借金を抱える我が国の財政状況が、危険水域に達していることは事実。しかし、6年連続で膨れ上がる国の予算を見ていると、無駄な支出が多過ぎます。ひと頃、頻繁にメディアで取り上げられた行政改革はどこへ行ったのでしょう。桁が違うとおっしゃる方がいるかもしれませんが、2018年の夏の国会で参議院議員の定数が6議席増えました。それも身を切るどころか、身内が有利になるような改革の結果です。2020年に開催予定の東京オリンピックに水を差すわけではありませんが、開催費用が3兆円に跳ね上がるとの報道もありました。自然災害で甚大な被害を受けた被災者が大勢いるのです。国民に働け、働けと言う前にもっと庶民の生活のためになる使い道があるはずです。

ただ、会社で70歳まで働けるようになるのは、結構なことだと思います。安倍さんの考えとは別の理由からです。いまだ多くの会社員は学校を卒業して30年以上、一つの企業で身を粉にして働いた仕事人間です。毎朝、同じ時間に満員電車に揺られ出勤し、顔なじみがそろう職場で一日を過ごし、仕事帰りに同僚や気の置けない仲間と一杯やりながらお互いに上司の悪口や愚痴をこぼしてストレスを発散する。知らないうちに心身ともに染みついたこのような生活習慣が、定年という日を境にすべてリセットされ、なくなってしまうのです。あまりにドラスティックな出来事です。

そうなれば生活のリズムも崩れ、行く当てもすることもなく一日中自宅に引きこもり、奥さんには粗大ごみ扱いされ、話し相手もいない。「あと何年こんな無為な生活が続くのだろう」と不安にかられ、精神疾患に陥ったり、健康を害したりする原因にもなります。それを防ぐためにも一日でも長く会社員生活が続いたほうがいいのです。5年間、雇用が延長されれば、その期間にソフトランディングの準備ができます。

もちろん、個人によって状況はさまざまです。長年温めていた自分の夢の実現に向けて再スタートを切ろうと定年を心待ちにしている人もいるはずです。不幸にも体調を崩し仕事をしたくても続けられない方もいるでしょう。健康問題、金銭状況、家庭環境などは人それぞれです。今こそそういう高齢者の諸事情をすべて考慮して、充実したシニアライフを過ごすためのアドバイスをする窓口が必要なのです。退職金を目当てにした銀行の相談コーナーではなく、公的機関などに窓口を設置し、各企業や職場へ周知すれば、多くの人たちが相談に訪れるでしょう。

「女性活躍推進」「人づくり革命」「一億総活躍社会」など安倍政権は看板を掲げるだけで、何も具体策が伴っていません。まさに多弁空疎な政権そのものです。

2018年11月4日

ハラスメントは人間の欲望から生まれる
人間が変わらなければ、なくなることはない

問

世間でパワハラやセクハラが問題視されているのに、私の職場ではいまだに部下に暴言を浴びせる上司がいます。パワハラはなくならないのでしょうか。

（静岡県浜松市　会社員　32歳）

答

物事を俯瞰するとパワハラの構造がよく分かります

結論から先に申し上げます。国単位にせよ、個人単位にせよ、残念ながらこの世界からパワハラやセクハラがなくなることはありません。その理由は俯瞰して物事

を捉えるとよく分かります。２０１９年から香港で大規模なデモが続きました。香港が英国から中国に返還される際、「一国二制度」で保障された高度な自治権が脅かされ民主化を求める学生や市民が立ち上がったのです。それに暴力で圧力をかけるのは中国の最高指導者たちです。

その中国に貿易戦争を仕掛けているのが米国のトランプ大統領です。２０２０年秋に行われる大統領選を有利に進めようと、常に自国の利益を最優先。圧倒的な軍事力を背景に各国に無理難題を押しつけました。国単位のパワハラが戦争です。

一国のリーダーが国力、権力にものを言わせ、立場の弱い国や人々をねじ伏せる。された側にとってはパワハラ以外の何物でもありません。慢心した権力者の横暴は今に始まったわけではありません。古代ローマの英雄カエサルでさえも次第に独善的になり、それが原因で息子同様のブルータスに暗殺されたと言われています。戦国武将の織田信長が、家臣の明智光秀に本能寺の変で討たれたのは、光秀が信長に衆目の中で暴力を受け続けた恨みとの説もあります。

権力や地位に奢《おご》り高ぶるのは、政治家や歴史上の人物だけではありません。江戸時代なら大店《おおだな》の店主が丁稚《でっち》奉公に来た子供を低賃金で休みなく働かせたり、戦時中は軍人が気に入らないというだけで市民に暴力を振るったりもしました。そして、少し前まではどこの会社でも女性社員にお茶くみをさせたり、部下を怒鳴りつけたりしていたのです。

この世では古から現代まで延々と差別、いじめ、いやがらせが繰り返されているのです。さまざまなハラスメントは、支配欲、物欲、性欲などの人間の欲望に由来しているのですから、時代が移っても人間が変わらない限りなくなることはないのです。

一方で急速に変化したものもあります。それは私たちを取り巻く社会環境です。とくにSNSなどの新しいメディアの登場で個人が容易に情報を発信できるようになりました。それによって職場や教室などで起きたハラスメントの詳細をネットに流し、公の場に提起することが可能になったのです。スマホで動画を撮影しておけば、動かぬ証拠。かつてのように我慢したり、泣き寝入りしたりしなくてもよいのです。社会的弱者にとってはとても有用な手段です。しかし、用心しなければならないのは、偽情報です。

ではどうすれば人間を変えることができるか。これは人類史上最も重要で難しい問題のひとつです。政治家が「一緒により良い社会を目指しましょう」と繰り返しても永久に実現することはありません。社会は人間がつくるもの。人間が変われば社会は変わります。ですから、人間が変わらなければ社会が変わるわけがないのです。

そんな欲にまみれた人間の改革を訴え、その教えや方法を説いたのが、イエス・キリストやブッダ、ムハンマドらの宗教者です。我が国でいえば日蓮、法然、親鸞《しんらん》らの先達者たちです。この機会にぜひ彼らが残した書物をひもといてみてはいかがでしょうか。

2020年2月2日

＊一国二制度…一つの国の中に社会主義と資本主義が併存することを容認する制度。中国は香港が１９９７年に英国から返還された後も、中国本土とは異なる制度の適用を50年間維持することを約束。しかし、２０１９年に起きた抗議活動を受けて、習近平指導部は香港への統制強化に本格的に乗り出した。

人は社会性を持った生き物
黙々とキーボードを叩くだけでは機械の歯車でしかない

問

新型コロナウイルスの影響で2020年5月からテレワークになりました。初めは仕事の効率も上がり楽しかったのですが、近ごろは物足りなさを感じています。

（東京都武蔵野市　会社員　52歳）

答

会社とテレワーク、双方の良いとこ取りをしましょう

未知のウイルスの蔓延《まんえん》で、私たちの生活や社会のシステムは180度変わってしまいました。それもわずか数カ月という短期間に世界中が否応なしにです。この稀《まれ》

に見る災厄で人類は多くの大切なものを失いました。それは尊い人の命や健康、外出や移動の自由、暮らしに必要な経済活動など枚挙にいとまがありません。

毎朝、元気に仕事へ出かけたり、学校へ通ったりする。これまでの何気ない日常生活がいかに有り難いものだったのか、同じ思いを抱いている人は多いはずです。「親を亡くして初めて知る親の恩」という言葉もあります。空気や水のようにあるのが当たり前と思っていたものが、本当は特別で心から感謝すべきものだったと人は失った時に初めて気づくものです。

会社もその一つかもしれません。感染拡大防止のために一気に加速したのが、テレワークです。自宅にいながらパソコンを操作して一人で仕事をし、時には画面上で会議を開く。確かにＩＴ系や一般事務など職種によっては、支障なく業務を進めることが可能でしょう。密閉、密集、密接の「３つの密」の危険性が高い満員電車に乗ることも、気の合わない上司と顔を合わせることもないのですから、ある意味、理想の働き方かもしれません。

ところが、先日、テレビでこんなニュースを拝見しました。新型コロナウイルスがひとまず落ち着き、以前の生活に戻った中高年の会社員の方たちが「3週間ぶりに出社しました。やっぱり家より会社のほうが仕事になります」「会社で久しぶりに仲間の顔を見たらほっとしました」などと喜々とした表情で話していました。

世の中には長年勤めた会社を定年退職したとたんに老け込んだり、うつ病になったりしてしまう人もいるようです。苦手だった上役が懐かしくなったり、自分が使っていたデスクや事務所の壁のシミや匂いまでも夢に見たりする人もいるそうです。30年以上も毎日、それも一日の半分近くの時間を職場で過ごしてきたのですから愛着や情が湧くのは当然でしょう。それがある日、「明日から出社に及ばず」となってしまうのです。精神が不安定になるのも無理はありません。

会社員にとって会社は単に仕事をして給料を稼ぐだけの空間ではないのです。上司や同僚とのやりとりや会話、会社帰りの仲間たちとの一杯などさまざまな人間関係を通して、個人が社会とつながる場所でもあるのです。容易に切り離すことのできない生活の一部なのです。中にはないほうがいいと考えている人もいるでしょうが、実際になくなると困ってしまう、いわば「必要悪」の類いなのかもしれません。

人は社会性を持った生き物です。いくら仕事がはかどるからといって自室で一人、黙々とキーボードを叩くだけでは、まさに機械の歯車と同じ。チャプリンの映画「モダン・タイムス」の現代版です。すべてがデジタル化され人間が歯車の一部にされると人間性まで失われるのです。アナログの部分を残しておいたほうがいいのです。

コロナ禍で働き方も含めすべてが過渡期の今を乗り切るには、何ごとも上手にバランスを取ることが必要です。オフィスワークとテレワーク、双方の良いとこ取りをすればいいのです。もちろん、いつでもどこでもソーシャルディスタンスはお忘れなく。

2020年7月5日

第5章

デジタル社会への警鐘

アナログなコミュニケーションも大切に

〝ゲーム脳〟にならないために、バーチャル世界とのつきあいはほどほどに

問

最近、歩きながらスマートフォンを操作する人が増えています。〝ながらスマホ〟は本当に危険です。なんとかやめさせる手だてはないでしょうか。

(千葉県千葉市　会社員　48歳)

答

道徳の学べるスマホゲームをつくってみてはいかが

今は街中に〝ながらスマホ族〟が跋扈《ばっこ》しています。歩きながらは日常茶飯事。もっと危ないのは、画面を見ながら自転車に乗っている人たちです。いずれも周囲

の状況には一切お構いなし、小さな画面の世界しか眼中にありません。これでは、いつ何時、歩行者と接触したり、自転車同士、あるいは自動車と衝突したりするようなことにもなりかねません。

〝ながらスマホ〟の理由の多くは、ゲームやＬＩＮＥだといいます。勝手に転んで本人だけが痛い思いをするのならまだしも、単なるゲームのために何の関係もない他人を巻き込んだり、ケガをさせたり、最悪の場合は命に関わる取り返しのつかない事故を引き起こすことさえあるのです。

寝ても覚めてもスマホを手放すことができない。この中毒にも似た症状は、幼い頃からテレビゲームばかりをして大人になった現代人の生活習慣病の一つと言えるでしょう。ある種の依存症ですから、手持ちぶさたになると、本人も知らないうちにパネルにタッチしているのです。そして、放っておけば一日中でもやり続けます。逆に、触っていないとイライラしたり不安に駆られたりするのです。

もはや本能的な欲求ですから、歩きながらのスマホがケガや犯罪、高額の損害賠償金など自他ともに大事件につながるなど思いつくはずもありません。このような世の中になったのは、他ならぬテレビゲームのバーチャル世界の影響です。世に出回っているソフトと言えば、ほとんどが敵を一人残らず殺戮《さつりく》して高得点を目指す対戦型ゲーム。次々に現れる相手に反射的に銃弾やロケット弾を浴びせ、蹴散らすだけで、そこには何の感情もなければ思考もなく、人間性の欠片もないのです。

虚構空間とは言え、そんな残虐な経験を子供の頃から何千回、何万回と繰り返せば、いつの間にか現実との境界線があいまいになるのは当然のことでしょう。ひいては自分の衝動的な行為、行動が周囲にどのような迷惑を及ぼすか、少しも考えることができない〝ゲーム脳〟の持ち主になっているのです。

最近気になるのは、それがエスカレートして自分の欲求のおもむくままに犯行に走る人間が増えていることです。何の理由も関係もない他人をナイフで刺し、時には尊い命までも奪う凶悪犯罪も多発しています。先日も**女性アイドルグループのメンバーが突然、刃物で切りつけられる事件**があったばかりです。

文明の発達は、日々の生活を便利にすることは確かです。しかし、使い方によっては、それ以上のマイナスが生じるのです。業界側は、人ごとではなく自分の家族もまた、その害毒の影響を受けることを覚悟せねばなりません。今からでも遅くはありません。ゲームソフトをガラリと替えて、高齢者に親切にしたり、人助けをしたりするとハイスコアが取れるなど、道徳的な要素を盛り込んだ人に優しい内容にすべきです。そうすれば、小さい頃から親切心やモラルが知らぬ間に身につくのです。

最後にもう一つ。歩きながらスマホを操作しているそこのあなた、一日中うつむいていていては姿勢が悪くなりますよ。かつて「上を向いて歩こう」というヒット曲がありましたが、まるでその逆。それでは、運気も上がるはずがありません。ながらスマホを卒業しない限り、皆さんの人生は「下を向いて歩こう」です。日本人全員が下向き、うなだれ、うつむき人生になってしまうのです。

2014年6月7日

＊アイドルメンバーが襲われる…2014年5月、岩手県で行われたAKB48の握手会イベント会場で、のこぎりを持った男が暴れ、メンバー2人とスタッフ、合わせて3人が襲われ負傷。犯人はその場で現行犯逮捕された。

利便性の向上はデメリットも生み出す使う側のモラルやリテラシーが求められている

問

米国のトランプ大統領が誕生したことで、ツイッターの威力がぜん注目されています。楽しく活用している人も多いですが、弊害もあるのではないでしょうか。

（東京都千代田区　自営業　72歳）

答

SNSに潜む危険性を見極める目を持つべき

それにしても米トランプ大統領のツイッター好きは目に余るものがあります。重要な政策からメディア批判、自身を非難した女優の悪口に至るまで、自ら感じたまま思いついたままつぶやいてしまうのですから。そのたびに各国のリーダーや世界中の巨大企業のトップが右往左往する。今までこんな光景は見たことがありません。もちろん、この人が大統領になれたのも、この新しい道具を選挙戦で駆使すればこそです。ツイッターなどを使い、直接、仕事を失った白人労働者に支持を訴えたのです。そう考えれば、トランプ氏がこのＩＴメディアに全幅の信頼をおくのもうなずけます。この人はツイッターのおかげで大統領になれたのです。

彼が全米のテレビ、新聞などの既存のマスメディアに辛らつな言葉を浴びせ、敵対関係をあおるような行動を取るのも、ここに理由があります。権威ある一流のメディアを敵に回して強気でいられるのも、ツイッターという強力な武器があるからです。これまでは一国の主といえども、国の将来、外交関係、経済問題などあらゆることをマイクや記事に頼って国民に伝えてきました。ところが、ツイッターをはじめ、フェイスブック、インスタグラムなど次々に新媒体が出現。その結果、いつでもどこからでも好きなだけ直接自ら情報を発信できる時代になったのです。さしずめ問屋を通さず産地直売を行っているようなものです。きっとトランプ氏は心の中で、既存のメディアに対し「君らのはフェイク（うそ）ニュースだ」どころか、「君らは古くさい。君たちの時代はもう終わった」と考えているのではないでしょうか。

少なからず米国民もそう考えている人が増えているのです。既存メディアは権力側で信用できない。経済的格差が広がれば広がるほど、社会に対する不安、不満とともに同調する人間の数は増加します。同じような状況は欧州にも飛び火しそうな勢いです。フランス、ドイツ、イタリアなど、ＥＵの主要国でポピュリズム、ナショナリズムが急速に拡大しているのもこれらの新興メディアの影響が大きいのです。日本でも近い将来、マスメディア離れが一気に進む可能性もあります。お分かりだと思いますが、ＩＴメディアには危険もあります。自分で発信する情報は、その人に都合の良い内容だということです。これからはジャーナリストを含め、我々もその真偽をきちんと見極める目を持つことが何よりも重要です。

政治家だけではありません。ＩＴを大いに活用してスターになった人もいます。

「ＰＰＡＰ」のピコ太郎さんです。彼が「ペンパイナッポーアッポーペン」と歌う動画がユーチューブにアップされると、あっという間に再生回数が1億回を超えました。今や世界中で知らない人はいない有名人です。世の中には、二匹目のどじょうを狙う人も大勢いるようです。常識やモラルやルールを守ってパフォーマンスをアップする人はいいのですが、ただの目立ちたがり、自己顕示欲だけで不愉快な動画を投稿する輩もいるから困ります。コンビニのおでんを指でツンツンしたり、電車の中で全裸になって撮影したりするのは明らかに違法行為です。

また、最近は投稿したピースサインの写真から指紋を盗まれ、犯罪に使われる可能性もあると聞きます。ＳＮＳを利用すれば個人情報をさらすことになると覚悟の上、活用すべきです。自分の住んでいる場所、行動パターンなどを見ず知らずの他人に教えているようなものです。ＩＴ機器やスマホなどの利便性が向上することは生活上のメリットだけでなく必ずデメリットも伴うのです。くれぐれもご注意を！

２０１７年2月4日

SNSを駆使した情報発信は地方活性化につながる可能性を秘めている

問

飲食店に行くとスマホで料理の写真を撮っている人をよく見かけます。インスタは今や幅広い年代層にまで浸透したようですが、何が楽しいのか私にはよく分かりません。

（神奈川県厚木市　会社員　60歳）

答

インスタは外国人観光客を呼ぶ切り札に

自分が食べた料理やスイーツ、お洒落《しゃれ》なレストランや絶景ポイントなどをインターネット上で共有できるアプリ「インスタグラム」には、さまざまな写真や動画がアップされています。インスタの日本語版公式アカウントが登場したのは２０１４年のこと、すぐにユーザーが２０００万人を超すほどの人気ぶりです。２０１７年は、新語・流行語大賞で「インスタ映え」が年間大賞になりました。カラフルで美味《おい》しそうなケーキ、街の素敵なカフェなど、とびきりのショットを公開すると、見た人たちからいくつもの「いいね！」が返ってきます。その数が多ければ多いほど、自分が撮影した写真が評価されている証拠。それが投稿者の快感につながっているのでしょう。

人気の背景にあるのは、多かれ少なかれすべての人間が抱えるコンプレックスと自己顕示欲です。容姿容貌をはじめ人は誰しも意識下に抑圧された劣等感がありま す。それが「いいね！」と単純に反応をもらうと、まるで自分が褒められたかのように感じてコンプレックスがいくらか解消されるのです。同時に他者に自分の存在を認めてもらいたいという人間に備わった本来の欲求も満たすことができるのです。

もちろん、友人がやっているからとの仲間意識もあるでしょう。

驚くべきは、単なるネット上の写真の掲示板かと思われていたこのアプリが、わずか数年で巨大産業に成長したことです。フォロワー数が常に何十万にも上る「インスタの女王」と呼ばれる芸能人やアスリートも登場。彼らが何げなくアップした小物がすぐに店頭で品切れになったり、紹介したパン屋さんに客が殺到したりすることも珍しくありません。このようにユーザー心理に大きな影響を与える人たちは「インフルエンサー」と呼ばれています。そこに目をつけた企業が自社製品のプロモーションに利用している場合もあります。その市場規模は数兆円とも言われています。

こんなところにもインスタ効果は表れています。それは観光産業です。中国人観光客に人気なのが、北海道のリゾート地トマム。これは中国の俳優がファッション誌に掲載した写真がネットで広まったためです。意外な場所では、都内にある日本のアニメのキャラクターが出迎える飲食店。こちらもインスタなどで広がり、中国からのお客さんが急増しているといいます。私たちが知らないだけで、過疎化の進む地方でも突然、外国人が大勢押し寄せる場所もあるのです。

２０１７年、我が国を訪れた外国人観光客は約２９００万人。政府は東京五輪が開催される予定の２０２０年には、４０００万人を目標に掲げました。年々、インバウンド消費の日本経済に占める割合は大きくなっています。外国人を呼ぶためには、古くさいカジノを開くより、インスタをはじめとするＳＮＳを駆使して世界へ情報を発信するほうが、はるかに効率が良く費用も節約できるはずです。深刻な問題となっている地方の活性化にもつながる可能性もあります。

ただ、ご存じの通り、ネット情報は玉石混交。本当のこともあれば悪意に満ちたフェイクも多いのです。利用したつもりが逆に利用されてしまうケースも多々あります。くれぐれもお気をつけください。

2018年5月6日

悪口や陰口は劣等感やコンプレックスの裏返し「そういうあなたは?」と矛先を転じればいい

問

SNS上での過激な誹謗《ひぼう》中傷が社会問題になっています。なぜ他人の悪口ばかり言うのでしょう。

（東京都日野市　会社員　57歳）

答

SNSの誹謗中傷は無教養ぶりをさらけ出しているようなものです

人の悪口や陰口は今に始まったわけではありません。私もデビュー当時は、「シスターボーイ」「男女《おとこおんな》」などとさんざん憎まれ口を叩かれました。戦後間もない軍国主義の風潮がまだ残っていた頃です。男は男らしく丸刈り頭で国民服、女はパーマネントは禁止、髪は短く切られモンペ姿しか許されませんでした。そんな時世に私は輸入されたばかりのカラーリンスで髪を紫に染めたのです。

それには理由がありました。暗く沈んだ時代に幕末まで続いた華やかな日本の「小姓文化《こしょう》」を再現させたい、そのきっかけをつくりたかったのです。戦国時代に織田信長が寵愛《ちょうあい》した森蘭丸、江戸時代の5代将軍・徳川綱吉が目をかけた柳沢吉保《よしやす》らの美少年たちが繰り広げた絢爛で優雅な世界。その人間愛の精神はオペラにもなったギリシャ神話の「アポロとヒュアキントゥス」の物語に通じるものがあります。

しかし、残念ながら私の考えは世の中のほとんどの人に理解されず、週刊誌などのマスコミから袋叩きにされました。それでも銀巴里で知り合った三島由紀夫さんら多くの作家や知識人、文化人の皆さんは、私の行動と真意を理解してくれたのです。

悪口や陰口の根底にあるのは、妬み、嫉《そね》み、ひがみです。そういう劣等感やコンプレックスが悪口雑言となって発せられるのです。相手を罵《のの》り貶《し》めて、「自分のほうが立場が上」と優越感に浸りたいとの一種の自己顕示欲です。では、もし悪口を言われたらどうすればいいのか。相手に突きつけられた矛先をそのまま受け止めては負けです。自分に非があるのではと己を責めては、向こうの思うツボです。そういう時には、冷静沈着に「そういうあなたはどうなのですか」と返す刀で相手を言い負かせばいいのです。

そもそも道徳をわきまえ自分に自信と誇りを持っている人格者は、他人を傷つけたり、嫌な気持ちにさせたりする言葉など決して口にすることはありません。それがマトモな人、常識人です。どちらに非があるかは、一目瞭然、考えるまでもないことです。社会問題になっているSNSの「バカ」「消えろ」「死ね」などの書き込みは、まさにただの悪口そのもの。書き込んだ本人は気づかないでしょうが、その貧困な語彙《ごい》力は自分の無知、無教養ぶりをさらけ出しています。貧相な人格のストリップと同じです。

ＳＮＳで誹謗中傷された**女子プロレスラーが亡くなった**とのニュースを聞いた時には、私も本当に心が痛みました。ただの悪口、陰口では済まされません。これはもう言葉の暴力であり、重大な犯罪行為です。突然の悲劇に国や関係団体も匿名発信者の特定を容易にするなどの制度改正に慌てて動きだしました。また、中傷加害者には法的措置も辞さないと弁護士へ相談する人も増えています。

実際にツイッターに虚偽の書き込みをされ、名誉を傷つけられた**若い女優さんが起こした訴訟**は、相手側が３００万円を超える高額な示談金を支払うことになりました。その際、裁判所は投稿者の氏名、住所などの個人情報の開示をするようにプロバイダー側に命じました。

どうせバレないからどんな酷《ひど》い投稿をしても構わない。そんなことはもう許されなくなりました。一歩前進です。

2020年8月2日

＊女子プロレスラー死亡…テレビ番組に出演したことをきっかけにＳＮＳで誹謗中傷を受けた女子プロレスラーの木村花さんが自宅マンションで死亡（享年22）。警視庁は２０２１年９月に侮辱容疑、２０２２年４月と２０２３年１月に名誉棄損容疑で、いずれも40代の男計３人を書類送検した。

＊若い女優が起こした訴訟…女優の春名風花さんと春名さんの母親がツイッターに虚偽の内容を投稿され名誉を傷つけられたとして、書き込み主に損害賠償を求める訴訟を起こす。被告側が示談金を支払う内容で示談した。

利便性を追求すれば個々のつながりが希薄になる
デジタルツールを盲信してはいけない

問

世界中で対話型AI、チャットGPTが話題です。使いたい気持ちもありますが、頼り過ぎてしまいそうで心配です。

（栃木県佐野市　会社員　59歳）

答

急速なデジタル化は世の中の荒廃を生み出します

利用者が急増していることは、テレビのニュースや新聞などで見聞きしています。

生成ＡＩと言われるもので、あらかじめ学習させた膨大なデータを基に文章や画像はもとより、デザイン、設計、プログラミングなどほとんどのことができる人工知能だそうです。新薬の開発や難病の治療法をはじめ幅広い分野において利便性、効率性の向上に期待が寄せられています。ただし、水は低きに流れるもの。ご指摘の通り、使い方によっては自分で何も考えない怠惰な人間が増えてしまう恐れもあるでしょう。

また、現段階では多くの問題を抱えているのも事実です。ユーザーの問いに間違った答えをしたり、フェイク情報が含まれたりすることも多々あるようです。そればかりか、偽の動画を編集、世の中を混乱させる画像を作成することもあり、それを利用して世論を誘導したり人をだましたりする輩も出てきています。このテクノロジーでさらに合理化が進めば、失職者が街にあふれ、今以上に貧富の差が拡大する懸念もあります。常々、申し上げているように新たな文明の利器は、諸刃の剣なのです。

危惧することがもう一つあります。このＡＩは、小説や音楽、絵画、映画の脚本などもたやすくつくり出してしまいます。登場人物や簡単なプロットさえ入力すれば、わずかな時間で物語を仕立ててしまうそうです。音楽や美術も同様です。旋律をショパン風にアレンジしたり、絵をピカソ風に描き上げたりすることも容易にできるというのです。著者ＡＩの本がベストセラーになり、ＡＩの曲ばかり披露されるコンサートが開催される時代が来るのかと思うと、背筋が薄ら寒くなります。

そもそも芸術作品を生み出すエネルギーは何か。それは人間の胸の内に湧き出る感情や情熱、喜びや安らぎ、悲しみや怒りや苦悩、葛藤などではないでしょうか。せつない思いや抑えることができない興奮を芸術家が言葉や色や音に託して、この世界に送り出したものだけがアートと呼ばれるのです。たとえどんなにＡＩが進化しても、決して人の心や肌のぬくもり、愛情や優しさは理解できません。いくら小説や楽曲を量産しようと、それはしょせんインプットされたデータをつなぎ合わせただけの精巧なイミテーションにすぎないのです。

ところが、そんな多機能のＡＩをまるで全知全能の「神」のように盲信する科学者もいるようです。あまりに愚かな考えです。ただの独り善がりです。このまま野放図に開発が進めば、やがて人類がＡＩに支配されてしまう、ＳＦ映画のような世界が現実になってしまうでしょう。使用上のルールや規制を設けようと動き出したリーダーや有識者もいますが、今後、いつものように経済優先の声にかき消されてしまう可能性もあります。

急速なデジタル化は危険です。何もかも機械化、自動化し、便利さだけを追求した社会は、人と人とのつながりを希薄にし、個々の孤立を深めます。そうなれば人心はすさみ、世の中もおのずと荒廃していくのです。昨今、凶悪事件が頻発し、強盗事件が繰り返されるのも、この兆候の一つでしょう。ましてや我が国は高齢社会へまっしぐら。これ以上、デジタル難民を増やして一体どうするのでしょうか。

2023年6月4日

芸術鑑賞は単に知識を増やすことではない作者の気持ちに触れ、それを深く味わい楽しむこと

問

近ごろ、スマホで映画を見る人が増えているそうです。しかも、勝手に字幕をつけたり、編集したりするファスト映画と呼ばれる違法なものもあると聞きますが。

（千葉県船橋市　自営業　55歳）

答

映画や読書、本当の目的を見失ってはいませんか？

それも時代の流れかもしれませんが、私には到底マネできません。小さな画面で次から次に場面が変われば、筋を追うのがやっと。確かに映画は早回しでもストー

リーや主演俳優は分かるかもしれません。でも、感動や面白さは味わえないのではないでしょうか。まして違法なものはもってのほかです。

先日、こんなことを耳にしました。こちらは、本の話です。文学作品から実務書まで読み上げてくれるスマホのアプリが人気だそうです。お金儲けのビジネス書ならばよいかもしれませんが、古今東西の名作を「聴く読書」で済ませてしまうのはいかがなものでしょう。きっとタイムパフォーマンス重視の現代人には、うってつけの方法なのかもしれません。辞書を引きながら難解な言葉と格闘しなくても物語の結末までたどり着くことができるでしょう。

しかし、映画や文学などの芸術作品は、鑑賞するものです。「鑑賞」とは、その作品のテーマや作者の意図や考え、気持ちに触れ、それを深く味わい楽しむこと。自分では経験できないことを画面や小説の主人公や登場人物を通して疑似体験することなのです。単に知識を増やすことではありません。どちらも本当の目的を見失っているような気がしてなりません。

変化したのは、映画の見方、本の読み方だけではありません。映画館も変わりました。かつては館内にアールデコ調のお洒落なデザインがほどこされ、スクリーンには天鵞絨《てんがじゅう》（ビロード）の緞帳《どんちょう》が掛けられていたものです。一歩足を踏み入れただけで別世界。その場所へ行くこと自体が楽しみでした。書籍もそうです。ただ、読むだけのものではありません。行間に滲《にじ》み出る作家の思いをくみ取り、手にするたびに美しい表紙やこだわった装丁に心を奪われたものです。今や映画館はどこへ行ってもコンクリートの箱のような建物になり、本も洒落たデザインのものは随分少なくなってしまったようです。

世の中が効率性、利便性ばかりを追い求めるあまりに、こんなところにまでも人の心を豊かにする叙情性、ロマンが失われかけているのです。そして、今、そのツケが世界のありとあらゆるところで噴き出しています。経済優先で自然環境は破壊され、洪水、猛暑、挙げ句の果てはスーパー台風。地球は温暖化を通り越して、もはや沸騰化していると言われています。ロシアのウクライナ侵攻は２０２２年２月の開始以来、収束の道は見えず、両国の溝は深まるばかり。各国が軍需産業に踊らされて新たな火種さえ起きかねません。日本も例外ではなく、「新しい戦前」とも言われているようです。

この危機的な状況を打破する策が見つからず各国の首脳は腐心し続けています。政治や科学で解決することができないなら、いっそ宗教の力を借りるのはいかがでしょうか。世界のキリスト教徒はおよそ20億人、イスラム教徒は16億人いると言われています。これだけで地球上の全人口の半分近くです。あらゆる宗教、宗派の垣根を越えた指導者たちが一堂に会して、全人類に愛と平和を訴えかけるのです。神の名の下に発せられたメッセージは、きっと目に見えない大きな波を起こすはずです。そして、大切なことは、金儲けばかりを優先してこれ以上人々の心を荒ませないこと。失った優しさ、思いやり、人間性を一日も早く取り戻すことです。

2023年9月3日

第6章

よりよい社会をつくるために

自分軸をしっかり持ち、混沌の時代を生き抜く

地域住民、商店街、企業、行政など各種機関が一体となって町づくりを進める

問

地方に大型店が進出し、昔ながらの個人商店が次々に閉店していきます。このままでは街がゴーストタウンになってしまいます。何か良い解決方法はないでしょうか。

（栃木県足利市　自営業　58歳）

答

東京ディズニーランドを参考に地域一体で町おこしを

私も音楽会やお芝居で各地を訪れる機会がありますので、あちこちでシャッター通りが増えていることはよく知っています。住民に長く親しまれていたお店が、突

然、シャッターで閉められてしまう光景は実に寂しいものです。

まずは、なぜ多くのお客が大型店に集まるか、その理由を考えてみましょう。現代は車社会です。そして住民は年々高齢化が進んでいます。お年寄りがマイカーで買い物に行くには、駐車場も広く、しかも一カ所で何でもそろう大型店のほうが個人商店より確かに便利です。さらに年金暮らしともなれば、１円でも値段は安いほうがいいに決まっています。大型店は大量仕入れで価格も安く、品ぞろえも豊富です。以上のことを考えただけでも、なかなか個人商店が太刀打ちできる余地はなさそうです。

実はこの問題には、もっと根本的ないくつかの要因が隠されています。「大型店VS.個人商店」という対決構図だけに目を向けていては、決して解決策は見いだせません。その一つが「過疎化と若者の地方離れ」でしょう。お客が高年齢化するのと同様に、個人商店の店主もおのずと年を取っていくのです。しかし、後を継ぐはずの子供が、都会に出たきり帰ってこない。店の後継者が見当たらず、やむなく閉店というケースも多いと聞きます。このようにして、地方の街にはお年寄りしかいないという状況になるのです。

地方に若者を呼び戻すにはどうすればよいか？ これはもう「町おこし、村おこし」の問題になります。「大型店VS.個人商店」だけでは収まりません。私はいつも「東京ディズニーランドを参考にすべき」と答えています。閑古鳥が鳴く他の遊園地、テーマパークを尻目にひとり勝ち、何度も訪れるリピーターもいる東京ディズニーランドのアイデア、企画力、サービスをきちんと分析し取り入れるべきだと思っています。これからは老若男女を問わず夢いっぱい、心の底から楽しめる街づくりを目指すべきです。

そのためには、個人の力だけでは限界があります。地域ぐるみで、商店街が一体となり、もちろん、行政機関を巻き込んでの町おこしが必要です。ロマンと情緒あふれる美しい家並みとおしゃれなお店、誰もがこんな町に住みたいと思うような再開発をすべきです。そうすれば、地方都市にも若者が増え、経済も活性し、閉じられたシャッターが再び開く可能性もあります。大して可愛くもない、ゆるキャラくらいでは、疲弊しきった地域経済を元気にすることは難しいでしょう。

大きなものが小さなものをのみ込むという潮流は、いまや世界的に広がっています。大銀行、大会社が中小企業を次々に合併しメガバンク、巨大企業に膨れ上がっていくというパターンです。そのトレンドは今後さらに加速する勢いです。簡単にのみ込まれないためにも、個人、企業、国というあらゆるレベルで、さまざまな生き残り策を考えておくことが重要です。

2013年5月4日

食品の安全性を守るのは、提供する側と消費する側の信頼関係

問

マクドナルドの商品に異物が混入したり、スーパーで売られているパンに針が入れられたり、最近は身近な食品が安心して食べられません。こういう事件が二度と起こらないように願うのですが。

（宮城県仙台市　主婦　55歳）

答

食の安全が守られないなんて、面倒な世の中になったものです

大人から子供まで口にするマクドナルドの「チキンマックナゲット」にビニール片、「マックフライポテト」には歯が混入していたというからあきれてものが言えません。食品の安全性は人の命に関わる重要な問題です。製造過程でどのような管理がなされていたのか、どの段階で本来入るはずのない異物が混じってしまったのか、マクドナルドは一刻も早く原因を解明し公表すべきです（編集部注：日本マクドナルドは、異物混入に関する外部機関の調査結果と混入経路の調査結果を公表した。混入されたビニール片については、製造工場および店舗では使用していないものであり、工場と店舗での混入の検証がいずれもできず、混入経路を特定するには至らなかったとした。混入された歯については、外部検査の結果、歯に油を含め付着物はないことが判明、さらに店舗調理段階までの混入の可能性がないことまでは判明したが、混入経路の特定には至らなかったとした）。

混入事件は何もマクドナルドだけのことではありません。カップ焼きそばから虫が見つかったり、少し前には冷凍食品に農薬が入れられたりした事件もありました。

２００８年には中国の食品会社で製造された冷凍餃子に殺虫剤メタミドホスが混ぜられ、それを食べた10人が中毒症状を起こすなど大変な被害が出ました。

人が生きていく上で欠かすことのできない食べ物の製造や販売は、提供する側と消費する側の信頼関係で成り立つものです。生命に直接影響を及ぼすものだけに「まさかそんなことはしないだろう」という性善説に立っているからこそ、私たちは飲食店で出された料理もスーパーマーケットの棚に無造作に並ぶお弁当も、何の疑いもなく口にすることができるのです。しかし、一部の人間による異物混入は、残念ながらその大切な関係を根底から覆すものと言わざるを得ません。

では、どのような人間がこんな卑劣な行為をするのでしょうか。もちろん、単なる人為的なミスや個人的な感情の一時的な八つ当たりという場合もあるでしょう。ただ、計画的に危険物を混入するとなれば、それは恐らく、嗜虐的な性癖を持った人物、いわゆる「サディスト」の仕業です。自分が入れた針などの異物を食品と一緒に食べ、それで人がケガをしたり苦しんだりする姿を想像することでエクスタシーを得る、特異な人格の持ち主。他人の家に火をつけ、燃えさかる炎の中で逃げ惑う人々の姿を思い浮かべて異常な興奮を覚えるという放火犯と似たような心理でしょう。

もう一つは、2015年に起きた〝つまようじ少年〟のようなケースです。コンビニでスナック菓子の袋につまようじを突き刺したり、万引きしたりする様子をネット上に公開し、「逃亡宣言」などとうそぶいて、行く先々の映像をユーチューブにアップ。これは勉強もスポーツも今ひとつで普段は誰からも見向きもされないおとなしい少年が、なんとしても注目を集めたい、目立ちたいとの一心で起こした愚行に他なりません。言うなれば、「かまってもらいたい病」です。本人は自分の愚かさ、みじめさを自ら世間にさらしていることに気づいていないのです。

残念ながらサディストも「かまってもらいたい病」も現代社会にまん延しつつあるのが現状です。その原因は、幼い頃から人殺しを繰り返す残虐なゲームや血なまぐさい漫画や映画に没頭し、正常な人間関係を築くことができなくなった人が増えているからです。食品への異物混入を減らすためには、もちろん、攻撃性だけを追求するバーチャル世界から抜け出すための情操教育が重要です。そして、食べ物の大切さを教えるためには、実際に農作物を育てる作業に従事させ、その大変さを身をもって体験させることも必要でしょう。

最近、国内外でいろいろと嫌な事件、災害が起きるのは地球上の文明がらん熟期を通り越して、半分腐りかけてきた証拠。近い将来、コンビニのおにぎりも宝石よろしく金庫から出し入れする時代になるかもしれません。面倒な世の中になったものですねえ、まったく。

2015年2月7日

グローバル化が進む今、日本に求められているのは最先端技術、文化、スポーツを通じた世界貢献

問

ラグビーワールドカップで日本代表が大活躍し、ラグビー人気が一気に高まりました。私もイケメンの五郎丸歩《あゆむ》選手に夢中です。鍛え抜かれた男同士がぶつかり合う瞬間がたまりません。こんな気持ちは危ないのでしょうか。

（東京都町田市　主婦　34歳）

答

女性が自然体で本音を語れる素晴らしい時代がやってきました

やっと女性が本音を語ることができる良い時代になりましたね。これが私の率直な感想です。なぜなら少し前までは、女性が「たくましい男が好き」「私の好みはムキムキマン」などと口にしようものなら、周りの男どもから「あいつはスケベな女だ」と理不尽な烙印《らくいん》を押されかねないほど、男女同権とは名ばかりの状況だったからです。女性が男性と同じように素直に自分の気持ちや感情を言葉にできる。こんなに素晴らしいことはありません。「人種や性別などで何人たりとも差別されない」という理想の社会に一歩近づいた証拠です。筋骨隆々のラグビー選手に人目もはばからず手を振る大勢の女性たちの姿に、私は「ようやく男女平等の世の中になりつつあるのでは」と思っています。

実は今回のフィーバー前からラグビー場には、黄色い声援が目立つようになっていました。そのタイミングで日本代表の大活躍があったのです。独特のポーズでキックを決める五郎丸選手やキャプテンのリーチ マイケル選手をはじめ逞《たくま》しい肉体のメンバーが繰り出す命がけのタックルに、現代女性たちが魅了されないはずがありません。

ここ数年、考えたこと、思ったことをそのまま表現する女性が増えているのは、テレビの影響があるからでしょう。とくにバラエティ番組で奔放な発言を繰り返す外国人やハーフの女性タレントたちの存在が大きいようです。日本人と異なり何の恥じらいやためらいもなく本音でおしゃべりする自然体の彼女たちに、多くの女性が感化されているようです。

よく「歌は世につれ世は歌につれ」と言いますが、スポーツも同じです。終戦後、相撲出身のプロレスラー、力道山が大変な人気になりました。外国人の大男を空手チョップでなぎ倒すその姿が、大戦で敗れた日本人にはまるで連合国軍を蹴散らす日の丸戦士に見えたのでしょう。皇太子さま（当時）と美智子さまの〝テニスコートの恋〟で世の中にテニスブームが巻き起こったこともありました。注目されるスポーツは、社会構造の変化や出来事などとも密接に関連しているのです。今は女性の時代、彼女たちがラグビー人気をもり立てているのです。

もう一つ、ラグビー日本代表が世界中を沸かせたことと、２０１４年の３人に続き２０１５年も２人の日本人がノーベル賞を受賞したことは、我が国にとって大きな意味があります。それは、天が「日本が歩むべき道」をはっきり示しているということです。グローバル化が進む現代、日本が国際社会から求められていることは、自衛隊を海外に派遣したり、平和憲法を改正したりするために右往左往することではありません。最先端の工業技術や医療、文化、スポーツなどを通してあらゆる国に貢献するということです。

２０１５年の内閣改造でにわかに誕生した「**一億総活躍担当大臣**」ですが、ポストはできたものの、政策が全く見えてきません。安倍晋三首相が一人でも多く自分の仲間を内閣に呼び込もうとつくった役職ですから無理もありません。ただ、前述の通り、日本の進むべき方向はすでに示されているのですから、それを実現するために研究者、技術者への支援を手厚くする施策やスポーツ振興策を打ち出せばいいのです。

見えない力が働いて日本が進むべき道を歩み出しているのに、為政者だけが支持率回復を目論《もくろ》んで躍起になっています。そういう方たちは、五郎丸選手を見習ってもっと冷静になったほうがいいのではないでしょうか。

2015年11月7日

＊**一億総活躍担当大臣**…2015年10月に発足した第3次安倍晋三改造内閣は「一億総活躍社会」を目指すと宣言。50年後も人口1億人を維持できるよう少子高齢化に歯止めをかけ、誰もが活躍できる社会を目指すというのがその中身。目標達成に向け、「一億総活躍担当大臣」が設置され、初代大臣には自民党の加藤勝信氏が任命された。

誰しも他人には推し量れない事情を抱えている
不倫や不祥事を一概に責めることはできない

問

不倫や子供の不祥事など芸能人がテレビで謝っている姿を目にします。不倫はそんなにいけないことですか。成人した子供の不祥事に親が謝罪すべきなのでしょうか。（神奈川県川崎市　大学生　21歳）

答

マスコミの画一的な報道に惑わされないで

愛する人との結婚は、ひと言で言えば、互いに配偶者として尊重し合い、人生の苦楽をともにし、幸せな家庭を一緒に築いていくという「契約」を結ぶことです。

不倫や浮気は一時的にも、その契約に違反する行為ですから、法律に触れるわけではありませんが、道徳上決して褒められることではありません。

では、「不倫は絶対に許されないのか」と問われれば、実はそうとも言えないのです。なぜなら、社会生活を営む大人なら誰しも他人には推し量れない複雑な事情を抱えているからです。熱烈に愛し合ってゴールインしたカップルでさえ、月日がたつにつれ性格や性の不一致で気持ちが離れてしまうことはよくあるケース。仲の良かった夫婦間に亀裂が生じる原因は、子供の教育や親の介護、生活の困窮などさまざまです。１００組の夫婦がいれば、１００通りの理由があるのです。

ですから、夫が妻以外の女性に走ったり、妻が恋人をつくったりしたと言えども、一概には責められないのです。来る日も来る日もおにぎりを出されれば、たまにはカレーライスが食べたくなる、その気持ちもよく分かります。しかも、どれもこれもあくまでも個人的なこと。他人があれやこれやと口を差し挟む問題ではありません。長年、人生相談をしてきた私はそう思います。もちろん、結婚した以上、命の続く限り相思相愛の関係で添い遂げるのが理想ですが。

今回の相談者の方が「不倫は絶対に許されないのか」と思ったのは、きっと騒動渦中のタレントをマスコミが犯罪者のように扱うからでしょう。それぞれの事情を知るすべもなく、ましてや考慮することもなしに、ただ妻子ある人が自身の配偶者以外の人と恋愛関係になったということ、それだけですべてをひと括《くく》りにして「不倫などもってのほか。バレたのだから謝罪するのは当然」とばかりに迫るメディアの取材は、あまりにも一方的過ぎるのです。

まるで裁判官や正義の味方にでもなったと勘違いしているのではないでしょうか。テレビで「不徳の致すところです」を繰り返す役者さんの会見を見てそう感じました。「汝《なんじ》らのうち、罪なき者、まず石を投げうて」。これは不倫の現場で捕らえた娼婦を「石で打ち殺せ」と騒ぎたてる者たちに向けたイエス・キリストの言葉です。あなたたちの中でこれまで一つも罪を犯したことのない者から、この女に石を投げなさい。そう言われ誰も石を投げることができなかった。マスコミの皆さんには耳が痛いことでしょう。

もう一つ、罪を犯した子供がすでに成人している場合は、私は親がたとえ有名人であれ、わざわざ謝罪会見を開く必要はないと考えます。20歳を過ぎた大の大人なのですからすべて自己責任です。そもそも犯罪に走る最も大きな要因は、本人の資質に問題があるからです。小さい時に親の目が届くところではおとなしくしている子供が、学校や友人たちといる時は全くの別人ということはよくあることです。ましてや親は親で厳しい現実の中、必死に生活しているのですから、自分の仕事や人生を犠牲にしてまで、その責を負う必要はありません。

高潔な人格者である裁判官のつもりで、裁く権利があると思い込んでいるメディアの皆さんの私生活を一度のぞいてみたいものです。

2016年10月1日

相手への思いやりがあれば安易な行いはできない
愚かな行動は「想像力の欠如」が原因

問

最近は無差別に人命を奪う凶悪な事件が起きるなど、社会が悪いほうへ向かっている気がします。どうしてこんな社会になったのでしょうか。

（東京都世田谷区　自営業　70歳）

答

今こそ教育の中身を見直すチャンスです

今や警察官でさえ襲われる時代です。いつどこで誰が犯罪に巻き込まれても不思議ではない殺伐とした世の中になってしまいました。その最たる原因は、「想像力の欠如」です。この世のすべてのことには、必ず原因があり、結果がついてきます。人の言動も同じです。他人に暴力を振るえばどうなるか。軽率な行いがどれほど周囲に迷惑をかけるか。行動を起こす前に考えなくてはいけないのです。

罪を犯せば逮捕されます。人の命を奪えば死刑の可能性もあります。本人だけでなく、親やきょうだい、時には恋人の日常生活にも支障をきたすことになります。自分のしたことによるさまざまな影響を想像する力がないから、愚かな行動に走るのです。もとより被害者を思いやる気持ちがあれば、決して安易な行いはできないはずです。明らかに想像力が欠けているのです。加えて憎しみや恨み、快楽などの一時的な感情に流され、人としての理性を失っていると言わざるを得ません。

「因果応報」という言葉があります。「善い行いをすれば善いことが、悪い行いをすれば悪いことが起きる」という意味です。災いが降りかかってくるのは、悪事を働いた本人だけとは限りません。妻や子供など家族にも不幸が跳ね返ってくることがあるのです。上七代下七代まで呪われたり祟《たた》られたりすることがあるのです。河《かわ》竹黙阿弥《たけもくあみ》の世話狂言として歌舞伎でもたびたび上演されているテーマです。科学的な根拠の有無にかかわらず、これは人の世を健全に保つために古から伝えられた人知のひとつでもあるのです。

日本人は戦後、焼け野原から必死になって復興に尽力しました。そのかいあって奇跡的な経済成長を果たしたのです。敗戦直後の何もないどん底の生活のみじめさから、個人も企業も物と金ばかりを追い求めてしまったのも無理はありません。しかし、その一方で人として最も大切なことを見失ってしまったのです。それは封建主義の意味としてではなく、良い意味での道徳教育です。「武士は食わねど高楊枝」という自分自身に対する人としての誇りと意気地です。もちろん、思いやり、優しさも含まれます。大企業に就職するために一流大学を目指し、いかに受験戦争を勝ち抜くか、学校も家庭も知識偏重のカリキュラムのみを推し進め、心身ともに健康で心豊かな人となる真の人間教育を怠った、そのツケが回ってきたのです。

現代はパソコンが小学校の授業に取り入れられる時代です。相手は機械。どんな問題でも簡単に答えますが、正解はただひとつ。○か×しかありません。デジタル社会では、いくら一生懸命に頑張っても、人一倍努力をしても、答えが間違っていれば、全く評価されません。確かにコンピューターの技量は身につくでしょうが、これでは温かい心を育むことなどできません。

他人の痛みを自分のことのように受け止める想像力や共感力を養うには、幼い頃から質の良い文化に触れるのが一番です。古今東西の文豪の名作を読めば、主人公の喜怒哀楽や悩みを分かち合うことができます。北原白秋ら詩人たちの言葉を美しいメロディーに乗せた童謡や唱歌を聴けば、誰しも心が穏やかになります。政治、経済、働き方まで、我が国は現在、新たな時代への過渡期です。そんな今だからこそ、教育の中身を見直す最後のチャンスなのです。

2019年8月4日

相手への優しさや気遣いがあってこそ性差別のない社会が生まれる

問

会社員と結婚した娘が、相手に家事を押しつけて趣味のヨガばかりしています。注意しても「今は男も女も関係ない」と耳を貸しません。これでいいのでしょうか。

（群馬県高崎市　主婦　65歳）

答

真の「男女平等」の実現には根気が必要です

先日、テレビ番組で同棲カップルのための賃貸マンションを扱う不動産業者が取り上げられていました。いわゆる「お試し期間」だけ、気軽に物件が借りられるというのです。ひと昔前なら結婚前の男女が一緒に暮らすと聞いただけで、どこか後ろめたさを感じる人も多かったはず。現代はそれが当たり前になり、商売になる時代なのです。それだけでも驚きましたが、さらにびっくりしたのは、実際にその部屋に住む20代のカップルが紹介された時です。二人とも仕事を持ち、経済的に独立しているからでしょうか、何かにつけてお互いが自分の主張を押し通そうとするのです。とくに女性の粗野な言葉遣いは、まるで不良の男性のよう。男女の関係は大きく変わっているのです。

確かに「男女平等」と言われ久しいですが、果たしてどれくらいの人たちがこの言葉の本当の意味をきちんと理解し実践しているでしょうか。世の中にはこのカップルのように大切なパートナーを自分の欲求を満たしてくれる都合の良い相手としか思っていない人も多いのではないでしょうか。

真の「男女平等」「男女同権」とは、家庭や学校、職場などありとあらゆる生活や実社会の中で、両性が互いに相手の人格や考え方、気持ちや立場の相違などを尊重し、常に尊敬の念を抱き、何事にも協力し助け合っていくということです。当然、そこには優しさや思いやり、気遣いは欠かせません。性による差別は決して許されないのです。

しかし、残念ながらまさに「言うは易《やす》く行うは難《かた》し」です。私たち国民の生活や国の行く末を左右する政治の世界でさえ、いまだに男女平等を実現できていないのです。初めて女性の参政権が認められた1946年4月の衆議院議員選挙からすでに70年以上もたっています。それなのに、女性の国会議員（衆議院議員）の割合はわずか10％止まり。企業の役員、公職に就く女性の数も他の先進国に比べると極端に少なく、男性が育児休暇を取得しただけでひと騒ぎ。日本はまだまだ圧倒的な男性社会と言わざるを得ません。

「男女平等」が憲法に定められていることは、ほとんどの人が知っているはずです。ところが、その大切なことを日常生活の中でなかなか行動や態度に示すことができないのは、社会全体がその理念をまるで絵に描いた餅のように扱っているからではないでしょうか。それがそのまま合わせ鏡のように個々の意識レベルに反映されてしまっているのでしょう。

性の違いで差別されることのない理想の社会の実現は、一朝一夕にできるものではありません。女性議員を増やすためには「**クオータ制**」を導入するとか、女性の社会進出を本気でバックアップするのなら、強力な子育て支援策を打ち出すなど政府の思い切った対策が必要です。しかし、それを決める国会自体が前述した通りなのですから、前途多難です。これからも根気よく社会のシステムをひとつひとつ変えていくしかないのです。

さて、娘さん夫婦を心配するご相談者の気持ちはよく分かります。しかし、男女の仲は当人同士でないとわからないものです。「男女平等」などと大上段から振りかざすことなく、ここはしばし静観の構えで見守ってあげてはいかがですか。

2021年2月7日

＊クオータ制…格差是正のために議席や候補者の一定数を女性に割り当てることを求める制度。

日本人は「地震の巣」の上に住んでいるようなもの　日ごろからの防災対策が何より大切

問

2万2000人余りの尊い命が奪われた東日本大震災から10年以上過ぎました。いつまた大地震が起きるか分かりません。その不安とどう向き合えばいいのでしょうか。（岩手県盛岡市　会社員　61歳）

答

国に頼らず、自分の命は自分で守る覚悟を

ひと口に10年と言っても短かったのか、長かったのか、感じ方は人それぞれでしょう。ただ、愛する人や大切な家を失った被災者の皆さんがこの間、どんな気持

ちで過ごしてきたのかと思うと胸が痛みます。壊れた道路は新しくなり、海岸には巨大な防潮堤が建設されました。高台に移転した住宅もあるようですが、コミュニティーの崩壊や過疎化など、新たな問題も起きていると聞きます。原発事故でいまだに故郷へ帰れない人もいます。被害に遭った方々が一日も早く心穏やかな日々を取り戻せますよう祈るばかりです。

２０１１年3月11日午後2時46分。私もあの時の恐怖は生涯忘れることはありません。都内のスタジオで半月後に開幕を控えた舞台「愛の讃歌」の稽古中でした。突然、しゃがみ込むほどの大きな衝撃に見舞われ、共演者と安全確保のために外の広場へ逃げました。すると、目の前に林立する高層ビルが、まるで積み木のように左右に大きく揺れていたのです。自宅に戻りテレビのニュースを見ると、変わり果てた東北各地の光景が次々と映し出されていました。その夜は胸騒ぎがして一睡もすることができなかったことを覚えています。

科学の進歩で地震発生のメカニズムも随分と分かってきました。大地震の主な原因は、地球を覆うプレートと呼ばれるいくつかの巨大な岩盤に関係があり、日本はその境目に位置していると言うのです。簡単に言えば、私たちは「地震の巣」の上に住んでいるようなもの。首都直下型地震の確率は今後30年以内に70%、100〜150年の間隔で発生する**南海トラフ地震**は前回からすでに70年以上たっており、危険水域に入ったと言われています。

しかし、残念ながら現代のテクノロジーでも地震がいつどこで起きるか正確に予知することは難しいのです。マグニチュード7〜8クラスの大地震が発生する可能性は極めて高いのですから、政府をはじめ地方自治体、そして私たち一人一人も常日ごろから、しっかり防災対策をしておかねばなりません。

何よりも優先されるべきは、人の命です。コロナ禍の真っただ中、未知のウイルスもまさに生命を脅かす災厄の一つ。この間のさまざまな対策から災害時における政府の姿勢が垣間見えます。人の移動が多くなれば感染する機会が増えるというのに「GoToトラベル」「GoToイート」などチグハグな政策ばかり。それが年末年始にかけての第3波の誘因の一つになったのではとの指摘もあります。確かに経済も大切ですが、守るべきは命なのです。

切り札とされるワクチンの国内での開発が遅れてしまったのは、国も製薬会社も目先の利益ばかりを追求していたからではないでしょうか。いつ出現するか分からない新たな脅威に莫大な開発費はかけられないと二の足を踏んでいたとしか思えません。日本の科学技術をもってすれば、決して外国に先を越されることはなかったはずです。

いずれにしても「備えあれば憂いなし」。水、食料、簡易トイレ、各種防災グッズは今や必需品。寝る前は枕元に着替え、懐中電灯などを必ず置くようにしましょう。自分の命は自分で守る。そういう覚悟が必要な時代なのです。

2021年3月7日

＊南海トラフ地震…駿河湾から日向灘沖にかけてのプレート境界を震源域とするマグニチュード8～9クラスの大規模地震。これまで100～150年の周期で発生しており、前回の南海トラフ地震（昭和東南海地震〈1944年〉、昭和南海地震〈1946年〉）発生からすでに70年以上が経過した現在、警戒が強まっている。

「同性愛者には生産性がない」という発想には最も大切な思いやりも優しさも一切ない

問

性的少数者の人権を守るＬＧＢＴ法案の国会への提出が見送りになりました。審議中、与党議員から「生物学上、種の保存に背く」などという問題発言もあり情けなくなります。美輪さんはどうお考えですか。

（栃木県宇都宮市　自営業　63歳）

答

いつの時代も「愛の権利」が変わることはありません

ただただ呆《あき》れるばかりで言葉もありません。時代遅れも甚だしいということです。

問題なのはこういう愚かな思考の持ち主がいるために、いまなお多くの人たちが苦しみ、嫌な思いをし、尊い命まで失われたりしていることです。報道によれば、法案の国会への提出ができなくなったのは、自民党の保守派に反対意見があったとのこと。恐らくそういう人たちの中にこそ、自分では気づかない性的マイノリティーへの差別や偏見、嫌悪があるのではないでしょうか。

理不尽な差別の対象となっているのは、LGBTの人たちだけではありません。現実社会には、人種や民族、肌の色、身体的な特徴やハンディキャップ、容姿容貌、出自や学歴、貧富の差などを理由に不当な扱いや誹謗中傷を受け、心身ともに傷つけられている人が大勢いるのです。世間には、LGBTを何か特別なことのように感じる方もいるようですが、決してそうではありません。この世にある、これら多くの「差別」の中の一つなのです。

そもそも日本は、同性愛に対して寛容な国だったのです。歴史を振り返ると分かります。第5章でもお話ししたように（154ページ参照）、戦国武将の織田信長が、美少年の森蘭丸を溺愛していたのは有名な話です。優美な格好をした蘭丸は、男しかいない戦場で女性の役目も果たしていたのです。江戸時代の第5代将軍・徳川綱吉の寵愛を受けた柳沢吉保もお小姓から大老格にまで上り詰めました。眉目秀麗《びもくしゅうれい》な少年たちが繰り広げる若衆歌舞伎、若衆茶屋などは、武家や庶民からも人気を博し、我が国独自の文化として明治の時代まで続いたのです。

それを禁じるようになったのは、西洋文明、とくにキリスト教の影響が大きいのです。聖書に登場する「ソドムとゴモラ」をご存じでしょうか。性の快楽を追求し過ぎたことが神様の逆鱗《げきりん》に触れ、町ごと焼き払われてしまったという話です。しかし、これは禁欲主義にこだわる宗教者たちが絶対者の威を借りて、自分たちの教えを正当化しようとしただけなのです。どんな時でも弱者に寄り添う本当の神様が、そんな残虐なことをするはずがありません。

また、古代都市国家の統治者たちが「快楽だけを求めて子孫を増やさないのは神の意に反する」と、この話を都合よく国策に利用したのです。いつの時代も国の軍事力や経済力は、人口の数に大きく左右されるものです。人の数が増えれば、戦争でいくら兵士が戦死しても平気の平左です。次から次へと新しい駒を繰り出すことができるのですから。まさに戦前戦中のスローガン「産めよ、殖やせよ、国のため」です。「同性愛者は生産性がない」という発想は、ここから来ているのです。そこには、人として生きる上において、最も大切な優しさや思いやり、愛の欠片もありません。

人が人を愛することは悪ではない罪ではない
男と女が　女と女が　男と男が　年寄りと若者が
異国人同士が愛し合っても
人間同士が愛し合うことに変わりはない
殺したわけでも盗んだわけでもないのだから

かつて私が作詞した「愛する権利」の歌詞の一節です。私の思いは、この歌の通り、終生、変わることはありません。

2021年6月6日

＊LGBT法案…同性愛者や、出生時の性別と自認する性別が異なるトランスジェンダーなど性的マイノリティーの人たちへの理解を広めることを目的とした法律案。2021年に開催された東京オリンピック・パラリンピック前の成立を目指し、超党派の議員連盟で一度は合意に至ったものの、自民党内の保守派の反発などで法案提出は見送りとなった。2023年6月16日、LGBTQなど性的少数者への理解増進を目的とする議員立法「LGBT理解増進法」が国会で成立し、同月23日に施行された。

問題解決のために必要なのは理性
感情的になれば悪循環を招いてしまう

問

芸能人や一般人の自殺を知るたびにショックを受け、気分が落ち込みます。今はそんなにも多くの人が自殺したくなる時代なのでしょうか。改善策はあるのでしょうか。

（東京都新宿区　主婦　45歳）

答

人が集まり孤独を解消できる場所をつくってみては

今は、混乱の時代です。世の中が進歩したことで、良いこともたくさんありますが、それと同じ数だけ悪いことも起きているのです。

電話ひとつ取ってもそうです。ガラケーからスマホに代わり、随分便利になりました。でも、スマホの画面を見ながら歩いたり車を運転したりする人が増えて事故が多くなるのも事実。スマホの使い過ぎでノイローゼになる人もいます。

物事を御するには、時間がかかります。現代は、進歩した技術を使いこなせないうちに、問題のほうがとても速いテンポで先にやってきてしまっているのです。だから、つらくなって自殺する人が増えているのです。

人間は肉体と精神でできています。肉体を維持するために食料があります。では、精神を維持するために何が必要かと言えば、それは文化です。そのために、音楽があり、文学があり、美術があり、茶道があり、華道があり、スポーツがあり、他にもさまざまなものがあります。それらは、人間が健康な精神を保つためにつくり出したものなのです。

だからといって、文化を何でも取り入れれば良いというわけではありません。文化には、質の良いものと悪いものがあるからです。今の文化の中には、芸術ではなく、金儲けのためにつくり出されたものが多々あります。それらを取り入れれば、逆効果になるのです。

そして、自分自身に問題が起きた時、いちばん良くないのは、感情的になることです。怒ったり、泣いたり、嘆いたりしても、堂々巡りするばかりです。ストレス解消のためにカラオケに行って騒いだりするのも良いかもしれませんが、お酒を飲んでしまえば理性は働かなくなってしまいます。

問題を解決するために必要なのは、理性です。一度、感情をすべて捨て去って、問題を冷静に客観視し、分析することが大切です。宗教の名僧と言われる人たちは、そのように問題を解決していました。

孤独を感じる人が増えていることも、自殺する人が増える要因です。子供がたくさん生まれていた世代の40代、50代、60代の人たちも年を取り、さまざまな事情で孤独になりがちです。コロナ禍でテレワークが増え、自分の近くに同僚や上司がいなくなり、ますます孤独感が深まっています。今の人たちは、名僧のように孤独の解消の仕方も知りません。

そういう人たちを救済する公共の施設をつくったらどうでしょう。今は、孤独な人が友達をつくろうと思っても、そのような場所はなかなか見当たりません。何か犯罪に巻き込まれるのではないか、大金を取られてしまうのではないか、と恐れてしまうからです。公共の施設なら、安心して新たな出会いを探せるでしょう。

ひと昔前の街には近所の人たちが気軽に集える将棋クラブ、囲碁クラブのような施設がありました。そのようなスポットを各地につくり、そこでかつての音楽や文学など質の良い文化を紹介しつつ、友達づくりの場にしてもらうのです。広く浅い関係性を求めるので良いのですが、中には結婚相手を探しにくる人もいるかもしれません。役所風の堅苦しい雰囲気ではなく、明るく楽しい空間にすれば興味を持つ人は多いはずです。

予算をどうするか……？　政治家の給料を減らして回せばいいのです。

2022年6月5日

絶望や窮地に陥った人々の心に寄り添い、無償の愛で包んでくれる、それが宗教のあるべき姿

問

世の中には新旧さまざまな宗教団体がありますが、中には多数の被害者が出ている組織もあるようです。被害に遭わないためには、何に気をつければいいですか。

（東京都府中市　会社員　56歳）

答

不安だらけの現代社会、「頭は冷たく、心は温かく」で身を守りましょう

そもそも「神様」とはどういうお方なのでしょう。病める人、悲しみに打ちひし

がれる人、苦しみのどん底にいる人、絶望の淵をさまよう人など弱い立場、窮地に追い込まれた人々の心に寄り添い、無償の愛で包んでくださる、それが神様ではないでしょうか。その神様が金銭を要求することなど決してありません。ましてや苦境に陥った人からお金を搾り取るようなことをするはずがないのです。神様はお金を使いません。お金は必要ないのです。

この世でお金を欲しがるのは、ぜいたくをしようとする人間だけ。「神様のために」などと嘘偽《うそいつわ》りを並べて、高額な献金やお布施を強要したり、壺や数珠などを法外な値段で売りつけたりするのは、神様を悪用して金儲けをたくらむ不埒《ふらち》な輩たちなのです。その連中が立ち上げた名ばかりの宗教団体が、大勢の人に損害を与え、中には全財産を奪われ、多額の借金を背負い、それを苦に自ら命を絶ってしまう人もいるのです。断じて許されることではありません。

では、何故《なにゆえ》、えせ教祖にだまされてしまう人が後を絶たないのか。それは、この世のすべての人が多かれ少なかれ、悩みや不安、揉《も》めごとなどを抱えているからです。宗教家の仮面をつけた悪人たちは、人の弱みや心の隙間に付け込んできます。手口は実に巧妙です。まずは相手の心配ごとを聞くふりをして近づいてきます。解決できる人や手段があるからと教団の施設に誘うのです。すると、他のメンバーたちが寄ってたかって、その人を洗脳、マインドコントロールしてしまうのです。組織ぐるみですから、オレオレ詐欺の受け子、出し子などと同じようにそれぞれ役割が決まっています。

魔の手から身を守る方法は、ただ一つです。常々、私が申し上げている「頭は冷たく、心は温かく」をモットーにすることです。誰しもつらいことや困難、悲しい出来事に見舞われると「もうダメだ」「生きていけない」などと感情に支配され、目先のことさえ見えなくなるもの。そういう状態が最も狙われやすいのです。それを防ぐには、たとえどんなことが起きようと、動揺することなく常に冷静を保ち、物事は理性で判断する。それから行動に移せば、間違った道に迷い込むことはないのです。言うは易し行うは難しですが、これを心掛けているか否かで随分と違ってくるはずです。

宗教団体をかたる組織的な犯罪は、今に始まったことではありません。20世紀末には、新興宗教の団体が起こした数々の凶行で大勢の無辜《むこ》の市民が犠牲になりました。この手の事件は明治時代から令和に至るまで、手を替え品を替え何度も繰り返されています。とくに時代の変革期、変わり目が多いようです。もちろん、信者のことを心から思いやる立派な宗教団体も数多くあります。

現代は、まさにアナログからデジタルへの転換期。その急速な変化の波に乗り遅れてしまう人たちもいれば、どっぷりはまってゲーム脳になってしまう若者もいます。少子高齢化、格差社会、コロナ禍、さらにウクライナでの戦争など、まさに不安だらけ。厳しい時代を上手に乗り切るには、やはり「頭は冷たく、心は温かく」です。くれぐれもお忘れになりませぬように。

2022年8月7日

第7章

政治に求めること

この国を変えるのは、一人一人の主権者意識

二度と同じ過ちを繰り返さないために必要なのは、国民一人一人が戦争と平和を問い直すこと

問

2013年の参議院議員選挙では自民党が大勝。憲法改正を虎視眈々とうかがう自民党幹部たちの発言を聞くたび、私は戦前の日本を思い出して心配です。

（東京都江東区　無職　78歳）

答

改憲派に戦場に向かう覚悟はあるかと問うべきです

きっと同じ思いで心と頭を痛めている人は、全国に数え切れないほどいると思います。とくにあの想像を絶する悲惨な体験を少しでもした方にとっては、なおさら

でしょう。私もその一人です。最愛の家族、肉親の命を召集令状というたった1枚の紙切れで奪われ、何の罪もない女性や子供たちまで犠牲になったのが太平洋戦争でした。

日本が敗れ、そして、新たな日本国憲法ができた時、国民全員が「もう二度と戦争はしない。軍隊は持たない。コリゴリだ」と強く誓ったのです。それがどうでしょう。憲法9条を変更して自衛隊を国防軍にするという自民党の改憲草案には、国防軍に「審判所」、いわゆる軍の規律を最優先させるための軍法会議までも盛り込まれているのです。

2013年4月、自民党の石破茂幹事長が、あるテレビ番組でこの件について思わず耳を疑いたくなるような公的発言をしていました。その発言は次の通りです。「『これは国家の独立を守るためだ』『出動せよ』と言われた時に、『死ぬかもしれないし、行きたくないな』と思う人がいないという保証はどこにもない。だからその時に、それに従え、それに従わなければ、その国における最高刑に死刑がある国なら死刑、無期懲役なら無期懲役、懲役300年なら300年。『そんな目にあうぐらいだったら主導命令に従おう』っていうことになる」

「たとえ理不尽でバカげた上官の命令でも絶対服従」ということです。何かことが起きれば、国防軍だけでなくその対象を民間人にまで広げることもあると指摘する専門家もいます。自民党の皆さん、旧日本軍と同じ無知、無謀、無残な兵隊ごっこをまたしたいのですか。敵が原爆など科学兵器をつくっている時、私たちは竹やりをつくっていたんですよ。石油も鉄も何の資源もなくどうやって戦うのですか。それとも、軍需景気で金儲けを目論む大企業との癒着ゆえの発言なのでしょうか。このようなことを平然と口にする彼らは、過去の悲惨な出来事から何も学んでいないのです。

どうしても軍隊をつくり戦争したいというなら、譲れない条件があります。それは有事の際、まず言い出しっぺの責任をとって石破、安倍両氏をはじめ自民党の国会議員の皆さんが、年齢性別に関係なく鉄兜《てつかぶと》をかぶり鉄砲を肩に最初に戦場へ行き、歩兵として最前線に立つと約束してください。その次はあなた方の息子や孫、自民党に投票した選挙民の順番です。奥さま方やお嬢さんたちも従軍看護師などとして、もちろん、参戦していただきます。白分たちがまいた種なのですから、まずは自ら行動に移し責任を果たしていただきます。お国のために率先して尊い命をささげてもらいます。そういう覚悟が自民党の幹部の皆さんにはおありですか。まさか、自分や自分の家族が戦争に行くとは思ってもみなかったと言うのではありますまいね。戦争が起きても、自分たちは安全な国会議事堂の中でのうのうと不毛な会議と命令だけしていればいいとお思いなのではないでしょうか。自分や家族や友人、知人が戦地で命を落とすかもしれないと思えば、現行の平和憲法を変えようなどと考えるはずがないのです。

8月15日には終戦の日を迎えます。愚かな戦争フェチの議員たちのせいで日本人は二度と同じ過ちを繰り返してはなりません。国民一人一人が、高い見識を持ち平和の意味と有り難さを心に問うてみることが必要なのではないでしょうか。

2013年8月3日

欲にまみれた時代遅れの政治家たちに今こそ有権者が「ノー」を突きつける時

問

2015年は終戦70年という節目の年。僕は戦争も戦後の日本も知りません。終戦直後の東京はどんな様子だったのか、教えてください。なぜ安倍首相は国民の声を無視して強硬に安保法制を押し通そうとするのですか。

（千葉県柏市　高校生　17歳）

答

悪政が続く原因は有権者の意識の低さにあります

東京は一夜にして焼け野原。何もかもが灰になってしまいました。とにかくすべての人が生きていくために必死でした。住むところもなければ、安心して寝るところもない。もちろん、食べるものなどありません。自分の明日の命さえどうなるか分からなかったのです。

私が15歳で音楽学校へ入るため長崎から上京したのは、終戦から6年後のことでした。その当時でもあちこちで闇市が開かれ、米、イモなどの食べ物を物々交換していました。闇市は犯罪とみなされ、警察に見つかれば捕まってしまいます。留置場へ入れられると、家族や子供が飢え死にしてしまう。だから見つかりそうになると、せっかくリュックに詰め込んだ食料を放り出して逃げる人たちもいました。

暗くなれば焼け跡には、夜の女性の姿もありました。映画に出てくるような派手な格好をしているのは、進駐軍の将校たちを相手にする「オンリー」と呼ばれる娼婦だけ。その中には家族は焼け死に自分だけ生き残った上流階級のお嬢様たちもいました。銀座4丁目には、進駐軍専用のデパート「PX」があり、現在の東京宝塚劇場は「アーニー・パイル劇場」という名称で日本人は入れませんでした。混沌とした世の中でしたが、復興へ向けた希望の光はありました。貧しいなりにも人々はヘアスタイルや服装など身だしなみに気を遣い、〝誇り〟と〝たしなみ〟という言葉が生きていた時代です。その後、国を挙げて経済優先、高度成長期に突入。企業が商業主義を進めれば進めるほど人として大切なものは失われていきました。

娯楽が少ない中、映画産業が「太陽の季節」など〝不良路線〟に走り、面白がったマスコミもこぞって後押ししました。その流れは、韓国ドラマ「冬のソナタ」（2003年、NHK-BSで放送スタート）が登場するまで長く続きました。ペ・ヨンジュンら正統派の俳優、優しい音楽、ロマンチックなストーリーに、女性ファンは飛びつきました。実は視聴者がずっと求めていたのは、上品で美しいものだったのです。押しつけられた〝不良文化〟にはうんざりしていたのです。

現代は多種多様のエンターテインメントが発達し、文明文化は大きく変化してきました。ところが、政治に関しては戦中の残滓がいまだに居すわっているのです。物欲、名誉欲、食欲、性欲だけで物事を考える時代遅れの闇成金政治家が重要なポストで権力をふるっているのです。ですから、「戦争法案」とも揶揄《やゆ》される時代に逆行するような安保法案を強行採決し平和憲法を改悪しようとしているのです。

したたかな知的先進国の政治家を「ディズニーランド」とすれば、まるで我が国の政治家や官僚はさながら個人経営の遊園地です。かたや合理的な経営方針の下、組織の仕組みから従業員教育、企画製作、使っている機械、デザインなど細部まで徹底的に吟味し、常に最新の情報を入手して運営しています。ところが、日本では大企業の経営理念どころか、すべてが時代遅れの個人経営のレベルですから、世界から取り残される一方です。

日本の政治が進化できなかった原因はどこにあるのか。それは有権者にあります。この期間、どんな悪政を強いられても、結局、「ノー」を突きつけなかった政治意識の低さが一番の問題なのです。戦後70年を経て、そろそろ国民も長い焼け跡の欲深文化から目覚め、民度の向上に心掛ける時ではないでしょうか。

2015年8月1日

政治家の低次元な発言や不道徳な行動は社会生活に必要な想像力の欠如が原因

問

国会議員の不祥事や失言が相次いでいます。こんな人たちに私たちの生活に関わる政治を任せていいのでしょうか。不安でなりません。
（東京都渋谷区　会社員　43歳）

答

「総理」も「大臣」も単なる役職名勘違いしてはいけないのです

丸川珠代さんが環境相でありながら、国が東京電力福島第一原子力発電所の事故に伴う放射性物質の除染の長期目標に掲げた「年間1ミリシーベルト以下」について、「何の科学的根拠もない」と発言したことには驚きました。立場上本当に恥ずべきこと、完全な勉強不足と言わざるを得ません。放送事業を所管する総務省のトップ、高市早苗さんの考えも大きな間違いです。放送局に「停波」をちらつかせ圧力をかけようとする、これは表現の自由を保障する憲法に反するものです（編集部注：衆議院予算委員会で、放送局が政治的な公平性を欠く放送を繰り返し、行政指導を行なっても改善されない場合、政府が放送局に対し電波停止を命じる可能性に言及した）。テレビは報道機関として政権を監視し批判する役割を担っています。民主主義の根幹を揺るがす暴言です。

島尻安伊子《あいこ》さんは仮にも沖縄北方担当相。その方が北方四島の一つ、「歯舞群島《はぼまいぐんとう》」も読めないようでは常識欠如と非難されても仕方ないでしょう。無理もありません。副総理で財務・金融担当相の麻生太郎さんでさえいまだに多くの簡単な漢字を読み間違えているのですから。男性も育児休暇を取ると手を挙げて、妻の出産入院中に不倫をしていた自民党議員、宮崎謙介さんには、ただの情けない男という言葉以外見当たりません。

今なぜ、国会議員がこのような人たちばかりなのか、その原因を考えてみてください。次元の低い発言や物言い、知識不足、道徳をわきまえず行動する人たちを「国権の最高機関」へ送りだしたのは一体誰でしょうか。それはまぎれもない有権者です。大臣がトラブルを起こすと首相の任命責任が問われます。それと同じ。すべての責任は私たち有権者にあります。

「自分にとって都合がよい、何か得になりそう」とか、「友人知人に頼まれたから」などの理由で、貴重な一票を安易に投じたことへのツケが回ってきたのです。政治の良しあしは国民のレベルに比例すると言われています。２０１６年7月には参議院議員選挙が行われます。憲法改正など平和日本の根幹を変えてしまう重要なテーマも抱えているのですから、くれぐれも同じ轍《てつ》は踏まないよう肝に銘じて選挙に臨むべきです。

もう一つ大切なことがあります。それは人間の習性に関わることです。先ほど挙げた何人かの議員を私が「さんづけ」で紹介したのには訳があります。国会中継などで議長に「○○大臣」などと呼ばれ、発言席に着く光景がよく見られます。マスコミも取材で「○○大臣、その件についてはいかがですか」などと質問をしています。このような呼び方は本来するべきではありません。

人は勘違いしやすい生き物です。総理、大臣などと日常的に呼ばれ続けると、どんな人でも自分が何かとてつもない権力を握ったかのように錯覚してしまうのです。たとえ総理になろうと、何とか大臣のポストに就こうと、それは単なる役職の名前にすぎません。あくまで国民から選ばれた議員の一人なのですから、私たちが普段、友人を「○○さん」と呼ぶように声をかければいいのです。それが「すべての人は平等」の民主主義というものです。ちなみに、これは会社でも同様です。

それにしても、今の世の中、あまりにも短絡的で目先のことしか見えていない人たちが多過ぎます。「こんなことを言ったらどうなるだろう」「こうしたら何が起きるのか」など自分の発言や行いが、どのような波紋を呼ぶか全く考えていないようです。これも凶悪事件が頻発する理由の一つでしょう。社会生活にとって必要な想像力、洞察力が不足している証拠です。

この力を養う良い方法は、囲碁、将棋、チェスなどをすることです。この種のゲームは2手先、3手先、場合によっては数手先まで見通さなければならず、冷静沈着、感情もコントロールできるようになります。さあ、今からでも遅くはありません。皆さんも始めてみてはいかがでしょうか。

2016年3月5日

「知らなかった」で逃げの一手を決め込む無責任な大人たちこそ我が身を振り返れ

問

大人の世界は理不尽なことだらけと思っていましたが、どんどんひどい状況になってきたように感じます。言いたい放題でトラブルになっても誰も責任を取ろうとしません。私はまだ10代ですが、将来が不安です。

（神奈川県藤沢市　高校生　18歳）

答

カオスの時代こそ理性を働かせてクールに対処を

最近の世の中は、驚いたり、あきれたり、不思議に思うニュースばかりです。

２０１６年10月、沖縄県の米軍ヘリパッド建設現場で大阪府警から派遣された機動隊員が抗議活動をしていた市民に向かって「土人、シナ人」と暴言を吐いたことが問題になりました。その発言をした隊員は青年。私は、若いのになぜこんな言葉を知っているのだろうといぶかしく思いました。後日、本人が差別の意味が含まれていることは知らなかったと弁解していましたが、その言い訳を信じる人はいないのではないでしょうか。あの場面でとっさに出た言葉です。きっと周りも日常的に他人をさげすむ時に使っていたのでしょう。そうでなければ、思わず口をつくはずがないのです。大阪府の松井一郎知事（当時）がその後、ツイッターで「表現が不適切だとしても、府警の警官が一生懸命命令に従い職務を遂行していたのがわかりました」「出張ご苦労様」などとコメントしたことも論外。こちらも一蓮托生《いちれんたくしょう》、本来なら辞任問題に発展してもおかしくありません。

あきれたのは、同月に起きた青森県黒石市の写真賞取り消し問題です。賞が決まった後に写真に写っていた女子中学生がいじめを苦に自殺。主催者側が「賞の趣旨になじまない」と決定を覆したのには、開いた口がふさがりませんでした。逆に「こんな素敵な笑顔の少女が自ら命を絶つことなどあってはならない。いじめ撲滅のためにも最高賞を授与します」とすれば、美談となったのです。どうしてそうしなかったのか理解できません。主催者側の思慮の足りなさは残念でなりません（編集部注：内定していた賞の授与を取り消したことに批判が高まり、市に苦情が殺到。結果的に「授賞取り消し」は撤回された）。

無責任な人たちのオンパレードです。まずは東京都の豊洲新市場への移転の件です。噴出したさまざまなトラブルの原因をつくったのは誰か。それはあの場所に移転することを決めた、当時の知事、石原慎太郎氏（２０２２年逝去）です。本来は盛り土にすべきところをいつの間にか「地下空間」にしてしまったこともしかり。彼の在任中に決まったことです。本人は書面で「知らなかった」「覚えていない」とおとぼけの一手を決め込んでいますが、それで果たして許されるのでしょうか。

もう一人、どうにも腑《ふ》に落ちないのは、東京五輪組織委員会会長を森喜朗元首相が務めていることです。当初から新国立競技場建設やエンブレム問題の失態続きで大騒ぎとなりましたが、その責任をどうして取らないのでしょう。私の記憶が正しければ、最初の新国立競技場を設計したザハ・ハディド氏（故人）との契約料は約15億円。それだけですでに大変な税金が無駄遣いされているのです。石原氏と森氏のことについては、一部週刊誌で責任追及の記事が出ていたようですが、大手の新聞やテレビ局は及び腰で歯切れの悪い報道を続けていました。これではメディアの役割を果たしているとは言えません。何をそんなに恐れているのでしょう。

海外へ目を移せば、２０１６年11月は米大統領選です。3回にわたるテレビ討論を見て感じたことは、共和党候補のヒラリー・クリントン陣営がもう少し頭を働かせていれば、もっとトランプ候補との支持率を引き離せたはず。クリントン候補が討論会でスキャンダルという下品な土俵に乗らずに、無知な相手候補を無視するように直接国民に日本の米軍への思いやり予算など政策論のみを堂々と訴えていれば、政治家としてのトランプ候補との能力の差をアピールできたのです（編集部注：トランプ氏はクリントン氏の夫ビル・クリントン元大統領に対する過去の告発を蒸し返し、一方のクリントン氏は、トランプ氏の過去のわいせつ発言を取り上げ、彼は大統領にふさわしくないと指摘。互いに相手のスキャンダルを攻撃する形となった)。そんな簡単なアドバイスをするブレーンもいなかったのです。

いずれにしても現代はまさにカオスの時代。私たちの日常生活においてもいつ何が起きても不思議ではありません。前述した事件やトラブルに少なからず違和感を覚えるのは、もっと恥じらいと誇りを持って行動や発言をしていれば未然に防げるものばかりだからです。重要なのは、たとえ予期せぬ事態に遭遇しても決して感情的にならず、クールに理性を働かせ対処することです。

2016年11月5日

日本の行く末を嘆くにはまだ早過ぎる若者たちが照らす明るい未来はやってくる

問

新型コロナウイルスの新規感染者数が減ってきて明るい気持ちになったのに、2021年11月の衆議院議員選挙で再び気分は沈みがちです。第6波も懸念される中、コロナ対策で散々後手に回った与党が今後きちんと対応できるでしょうか。日本の将来が不安です。

（千葉県佐倉市　自営業　67歳）

答

真っすぐな若いエネルギーが日本を変えるはずです

ご相談者が心配になる気持ちは分かります。新型コロナウイルスの感染爆発は、いつまた起きるか誰も予測がつきません。第5波に襲われた2021年の夏、肺炎で苦しんでいる患者さんが入院できずに自宅で亡くなるケースもありました。こんな悲惨な出来事は二度と繰り返してはなりません。次の波が来た時に治療が必要な人に本当に十分な医療が提供されるのか。自民党が絶対安定多数を維持したことで不安に駆られる人もいるでしょう。

ただし、国の行く末まで憂えるのは悲観的過ぎるのではないでしょうか。世の中のことはもっと大局的な見地に立ち、俯瞰したほうがいいと思います。いくら政府の舵取りで国の針路が決定するからと言って、政治や政治家たちの記事や情報ばかりに目を奪われていては、見えるものも見えなくなってしまいます。日本の未来を嘆くにはまだ早過ぎます。実はこの国の将来を照らす希望の光は、日夜、テレビや新聞、ネットなどさまざまなメディアで取り上げられているのです。

その代表が、大リーグのロサンゼルス・エンゼルスで前代未聞の二刀流で注目を浴びた大谷翔平選手（編集部注：現在はロサンゼルス・ドジャースに在籍）です。彼のホームランと快刀乱麻のピッチングが、コロナ禍にあえぐ日米両国の人々にどれだけ勇気と感動をもたらしてくれたことでしょう。マウンド上の雄姿と爽やかな笑顔で前向きな気持ちになった人は多いはずです。

また、２０２１年10月、ポーランドのワルシャワで行われた伝統あるピアノのショパンコンクールで反田《そりた》恭平さんが２位、小林愛実《あいみ》さんが４位に入賞する快挙を成し遂げました。

国内でも、将棋の藤井聡太三冠の勢いが止まりません。竜王戦で勝ち続け、どこまでタイトルを獲得するのか楽しみです（編集部注：２０２３年10月に藤井氏は21歳２カ月で史上初となる八冠を達成）。和服がよく似合う好青年でいつも謙虚で礼儀正しく、インタビューからも人柄の良さが伝わってきます。

晴れてご結婚された小室圭さんと眞子さんもとても立派でした。ネットや週刊誌であれだけ誹謗中傷を受けながらも、それにも負けずに二人の愛を見事に貫き通したのですから。このように国内外を問わず、強い意志と努力で自分の夢や目標を実現させる若者たちが大勢出てきているのです。

そして、もう一つ。今の子供たちはとても優秀だということをお伝えしておきましょう。私が「みわサン」という太陽を模したキャラクターで出ている「にほんごであそぼ」（NHK・Eテレ）に出演している子供たちは、あの長い名前で知られる落語の「寿限無」をいとも簡単に諳《そら》んじ、何曲もの童謡や唱歌を楽しそうに歌います。その暗記力と聡明《そうめい》さは、きっとこれからの日本を支える力となるでしょう。

「何事もプラスがあればマイナスもある」

地球上はこの「正負の法則」に支配されています。ですから、時には凶悪な事件が起きたり、平気で嘘をついたりする政治家たちが国政を滞らせることもあります。希望に満ちた世の中にするには、メディアの果たす役割も大きいのです。これからはもっと明るいニュース、人々が清々《すがすが》しい気持ちになるような話題を取り上げたらいかがでしょうか。

私は若い人たちの真っすぐなエネルギーを信じています。日本の未来は決して暗くなどありません。むしろ明るいのです。

２０２１年11月7日

第8章

戦争のない世界へ

悲劇を繰り返さないために、私たちにできること

社会が低迷している今こそ明治から昭和を駆け抜けた偉人たちに脚光を

問

学生生活に悩んでいましたが、NHKの朝の連続テレビ小説「花子とアン」のヒロインの生き方に触れ、頑張る力が湧いてきました。美輪さんのナレーションもとても素敵です。この時代のことをぜひ教えてください。

（東京都大田区　大学生　19歳）

答

世界中が注目した日本人の活躍は私たちの誇りです

主人公のモデルになった村岡花子さんが『赤毛のアン』の原書を持って戦火の中

を必死に逃げたのは、1945年4月の東京大空襲でのことです。当時、英語は敵性語と言われ、ひと言でも使おうものなら「貴様、それでも日本国民か」と厳しく叱責され鉄拳が飛んできた時代です。まして、英語の本を翻訳していることが見つかれば、スパイ容疑で連行される可能性さえあったのです。まさに命がけで自分の仕事を貫いた彼女の勇気と固い意志がファンに感動を与えるのでしょう。

彼女が生きた明治、大正、そして昭和は、今の平和ボケの日本と違い、国内外から激しい嵐が吹き荒れました。明治維新では、多くの武士が失業し路頭に迷いました。鎖国が解かれ一気に外国の文化が流入し、政治、芸術、建築、服装、庶民の生活様式までドラスティックに変化したのです。注目すべきは、そのような中でも、素晴らしい日本人がたくさん出現していたということです。

政治家では、大正時代に「平民宰相」と言われた原敬《はらたかし》です。100年ほど前の首相ですが、その当時から日本の進むべき道をしっかりと見据えていました。彼は我が国には石油、鉄、ニッケルなどの資源がない代わりに、どこの国にも負けない人的資源があることに着目。それを活かした物づくり、文化で世界に貢献すべきと説きました。

医学者、詩人、美術家などとして幅広く、しかもグローバルに活躍したのが、木《きの》下杢《したもく》太郎《たろう》。なんと6カ国語に精通し、スペインでも教鞭《きょうべん》をとり、フランス政府からは自国のために卓越した功績を残した人に授与される「レジオン・ドヌール勲章」も受章しました。劇作家としても才能を発揮し、天草四郎時貞を題材に芝居の脚本も書いています。日本画では横山大観、川合玉堂、上村松園、洋画では黒田清輝《せいき》、藤田嗣治、日本ではあまり知られていないようですが、あのアンリ・マチスの弟子になった青山義雄ら世界レベルの日本人が数多くいたのです。

それに比べてこれだけ豊かに平和になった現代はどうでしょう。政治家はいつまでも三流、海外で認められている日本の文化と言えばアニメだけ。かつての経済大国は、リーマン・ショックからいまだ完全に立ち直ることができずにいます。ドラマの村岡花子さんと同様、今こそ激動の時代を力強く歩んだ先人たちの生き方を見つめ直す必要があります。明治維新に尽力したのは、決して坂本龍馬だけではありません。今こそ知られざる偉人に脚光を当て、きちんと学校で教えればいいのです。そうすれば、再び日本人は勇気と元気と自信を取り戻せるはずです。

もう一つ、時代に翻弄《ほんろう》されて意味が変わってしまった大切な言葉があります。「大和魂」「大和心」です。本来の意味は、大いなる和の心です。どんな人、どんなことでも分け隔てなく受け入れる大人の心ということです。それがいつの間にか、軍国主義の象徴のような誤った解釈がされるようになってしまいました。すべては第2次大戦に導いた戦前の軍部政治が原因です。もし戦争さえ起きていなければ、日本は今ごろ、数々の先人たちの努力で超一流国の仲間入りを果たしていたでしょう。

集団的自衛権の行使容認に向け強引に閣議決定に持ち込んだ安倍晋三首相は、またしても時代を逆行しようとしています。それを防ぐためにも歴史をきちんと学ぶことが大切なのです。

2014年9月6日

忍耐強く健気で、時にしたたかに日本人はどんな世もたくましく生き抜いた

問

2015年は終戦から70年という節目の年。夜空が不気味に赤く染まった東京大空襲は3月10日のことでした。関東大震災に続き、2度目の焼け野原。今や戦争を知る人もわずかとなり、再び間違った道へ進むのではないかと心配です。（埼玉県熊谷市　主婦　75歳）

答

私たちには卓越した生命力が備わっているのです

先日、ＮＨＫで放送された「カラーでよみがえる東京〜不死鳥都市の１００年」

という番組を見ました。ちょうど戦後の闇市の場面になった時は、さまざまなことが脳裏に去来して胸が詰まる思いでした。10万人以上の尊い命が奪われ東京が焦土と化したのは、米国による無差別な爆撃によるものだけではありません。１９２３年には、１９０万人以上が被災した関東大震災もありました。計り知れない自然の猛威からようやく立ち直った矢先に、今度は人間が犯した戦争という悲劇に襲われたのです。

雨露をしのぐ家もなければ、汗まみれ泥まみれになっても着替える服もありません。街にはＧＨＱ（連合国最高司令官総司令部）が跋扈し、たとえお金があっても物が手に入らない時代。空腹を満たす食べ物もどこを探してもありませんでした。それでも、みんな必死で飢えをしのいで生き延びてきたのです。いつしかバラックだらけの銀座にもようやくネオンがちらほらと灯《とも》りはじめました。その光が混乱の中に芽生えた復興の息吹でした。

日本人はすべてを焼き尽くされた地獄から2度も這い上がってきたのです。まさに1度ならず2度も奇跡を起こしました。それを可能にしたのは、日本人に備わった世界のどの民族にも負けない卓越した生命力です。それは忍耐強く健気《けなげ》で、時にはしたたかと言い換えてもいいかもしれません。きっと現代人のＤＮＡにも、その遺伝子は組み込まれているはずです。

私たちの潜在的な精神力の強さは、文化の歴史を振り返っても明らかです。西欧の音楽や美術などの文化が、近世に至るまで教会や王侯貴族だけのものとして発展したのに比べ、日本の三味線や鳴り物、小唄、長唄などの音楽、とくに遊女や役者を描いた浮世絵などの美術は、町人たちがつくり上げたものです。歌舞伎が実際に起きた心中事件を題材にしたり、時にお上の圧政をちくりと風刺したのはよく知られています。世の中を実際に動かしていたのは、まさに市井の人々の町人文化だったのです。

日本人は武士が支配する何百年もの間、武力、暴力で為政者が替わろうとも、どんな世にも生き残るすべを身につけてきたのです。江戸時代には「士農工商」という身分制度がありましたが、富を蓄えた商人が政治、経済、文化などあらゆる面に大きな力を及ぼしていたことは周知の事実。おおらかな文化を自由に享受していた町人たちは、武士の刀や槍を恐れてじっと我慢していた代わりに、次第に形骸化する幕府を自分たちの手のひらに乗せ面白がっていたのかもしれません。

たとえ明治、大正、昭和、そして平成になっても、この国民気質は決して変わることはないのです。近ごろは、敗戦でやっと外れた「軍国主義」という重たい蓋《ふた》をかぶせようとする学習能力のない政治家たちが声高に「憲法改正」を叫んでいます。しかし、国民は騙《だま》されたふりをして実は用心深く監視しているだけなのです。政治に携わる人たちは、このことをしっかりと肝に銘じる必要があります。

罪のない人同士が殺し合う戦争は決して起こしてはなりません。そのためには、戦争がいかに残酷なものかを伝えるために、終戦70年だけでなく機会あるごとにテレビ、新聞などのメディアが悲惨な体験をした人たちの証言や当時の映像を取り上げるべきです。

そういえばこの間、同い年の友人に電話で「あなた、相変わらず元気ね」と言われたので、「あなたもしぶといわね」と切り返してやりました。その後、互いの口から出た言葉が「やっぱり日本人だからね〜」。二人で妙に納得したのを覚えています。

２０１５年３月７日

無知は罪なり、知は空虚なり、英知を持つもの英雄なり

問

2015年、130人の命を奪ったパリ同時多発テロの容疑者は過激派組織イスラム国（IS）のメンバーです。なぜ彼らはこんなむごいテロを繰り返すのでしょうか。何か止めさせる方法はないのでしょうか。

（茨城県水戸市　大学生　20歳）

答

テロが広がる原因は差別と武器商人たちの暗躍です

たとえどんな理由があるにせよ、人の命を奪うことは決して許される行為ではあ

りません。ましてや、なんの罪もなければ関係もない市民を無差別に殺害するなど、人間のすることとはとても思えません。この悲惨な事件を機に米国、ロシアをはじめ当のフランスなど国際情勢も刻々と変化しています。安倍政権が強引に安保法制を成立させた我が国も対岸の火事ではありません。

日本のテレビも報道番組からワイドショーまで連日、専門家を招いて事件の続報を伝えていました。しかし、「憎しみの連鎖を繰り返さないことが重要」など同じようなコメントを繰り返すばかりで、今ひとつ的を射た発言をする人がいないようです。フランス、米国などの有志連合の度重なる空爆は、ISではない女性や子供を含む民間人も巻き込むことになるでしょう。多くの犠牲者の中に新たな憎悪の芽を植えつけるのは確かです。もちろん、この負のスパイラルを断ち切ることは必要ですが、それだけで問題は解決しません。

このような事態になったのは、中東をめぐる歴史的な背景もありますが、一番の原因は「差別」です。事件後、アルジェリア系住民の貧困ぶりなど「同化政策」の失敗も伝えられましたが、これにはそもそもスタートから無理があったのです。フランスの共和制が掲げる「自由、平等、博愛」はあくまでも理想。現実はそう甘くはありません。パリの高級レストランで、同じフランス人といえども南仏訛《なま》りで料理を注文すれば、田舎者扱いされることさえあるのですから。

英国も同様です。街中には、上流階級と一般の客で入り口を区別している店もあります。ほとんどの英国人は米国人に対して上から目線ですし、王侯貴族が使うクイーンズイングリッシュを話せば、途端にその態度を豹変させる給仕や店員もいます。異国人どころか、白人同士、いや同じ国民同士でも貴族か平民かなどの出自や就いている職業によって人を見る目や態度を変えるのです。

このように差別が起きる要因は、決して宗教や人種、国籍だけではありません。地球上のどこでも人間が複数いれば、他者との関係を有利にするために相手のマイナス面を探そうとする、それが人間です。いまだに世界の至る所で差別撤廃の運動が絶えず起きているのはそのためです。ですから、「移民だから、イスラム教徒だから、不当な差別や理不尽な扱いを受けた」との腹いせにテロを起こすというのは言語道断です。何の理由にもなりません。

一方、移民や難民を受け入れる側にも大きな責任があります。単に「難民認定」だけクリアすればＯＫというものではありません。入国を許可する前に「自国民の中にも失業者や貧困にあえぐ人たちがいる。それでもよいか」など厳しい現実を説明しておく必要があります。さらに、前述した「たとえ同じ人種同士でも差別がある」ということ、「入国すればバラ色の生活が保障される」という安易な期待は抱かぬようしっかりと教えておくべきです。

テロが広がる原因はもう一つあります。それは軍需産業にかかわる連中の暗躍です。武器弾薬を売りまくり戦火を広げれば広げるほど、彼らは莫大な利益を手にするのです。ＩＳが起こす局地戦はまさにビッグビジネスです。恐らく資金や武器そのものを提供している輩もいるはずです。そんな「死の商人」に利用されないことが大切なのです。

そのためには、彼らにだまされないような「知力」を身につけることです。「無知」は、大きな罪でもあるのです。

2015年12月5日

「知性」よりも「情念」が勝る現代世界では人間の欲望が渦巻いている

問

毎年8月になると終戦の夏を思い出します。本当につらく悲惨な日々で、あのような体験は二度と誰にもしてほしくないと心から願っています。最近、世の中が戦前と同じ雰囲気になってきたと感じることがあり不安です。

（東京都江戸川区　主婦　83歳）

答

利潤追求だけを目指す限り、戦争はなくなりません

1945年8月6日、午前8時15分、広島に原爆が投下され一瞬で10万人以上の

尊い命が奪われました。そして、3日後の9日には、長崎にも不気味なキノコ雲が現れ、何の罪もない7万人の人たちが犠牲になりました。私はその時、10歳。幸い命だけは助かりましたが、今でも地獄のような長崎の光景を忘れることはできません。多くの国民のかけがえのない命と引きかえに手にしたのが、民主主義でした。それがまさか、今になって再び危うい状況に瀕するなど夢にも思いませんでした。

相談者の方と同様に私も世の中の風潮に戦前と同じキナ臭さを感じます。憲法改正の発議ができる3分の2の議席をまんまと改憲派に与えた、2016年7月の参議院議員選挙もその一つです。今後、安倍首相はこの結果を錦の御旗に、自身の理想の実現に向けて一目散に走りだすでしょう。国民投票が必要とは言え、近い将来、「国防軍」の誕生、さらには「徴兵制」への道を開いてしまったのです。まさに、私たち自身が時計の針を「第2次大戦前夜」に逆戻りさせてしまったのです。

私たちは一体何を学んできたのでしょうか。終戦後、「日本国憲法」によって守り抜かれた平和主義、民主主義には、太平洋戦争で銃弾に倒れ、業火に焼かれた

300万人以上の日本国民の願いが込められているのです。その大切なことを忘れてしまったのでしょうか。一事が万事です。2011年3月、東日本大震災、東京電力福島第一原子力発電所事故が起きました。放射能汚染で今も故郷に帰れない方々が大勢いるのです。それにもかかわらず、政府は原発再稼働に躍起となっています。「東京五輪を成功させよう」などと浮かれている場合ではありません。私たちは過去の大きな失敗から何の教訓も得ようとしていないのです。

恐ろしいことに時計が逆回転しているのは、日本だけではありません。米国の「トランプ旋風」もしかり。2016年秋の大統領選で共和党の大統領候補に選出されたドナルド・トランプ氏の「アメリカ・ファースト（米国第一主義）」の訴えを聞くたび、南北戦争時代の「白人至上主義」が頭をよぎります。EUを離脱し「栄光ある孤立」を決めた英国は、さしずめエリザベス1世やビクトリア女王の「大英帝国」を目指しているのでしょうか。フランスは右翼のルペン党が勢力を増してきていますし、鎮圧されたとは言え、突然、**トルコで起きた軍のクーデター**には、ドイツのヒトラーの部下たちによるヒトラー暗殺未遂事件を思い出しました。

世界中で同時期に同じ流れが起きているのは、現代が「知性」よりも「情念」が勝っている時代だからです。分かりやすく言えば、人間の欲望が地球上で勢いよく渦巻いている状況なのです。先進国の保守化は、もちろん自国の利益、経済を最優先するため。その政策を実現できる政治家を後押ししているのが、大企業を中心とする財界人たちです。利潤追求を唯一の目的とする彼らにとっては、自分たちの「稼ぎ」を邪魔するようなモラリストは必要ないのです。時代は移れど、この構図が変わることはありません。だから、戦争はいつまでも地上から消えてなくならないのです。

安倍政権の支持率が保たれているのも、さまざまな欲望が下支えしているからです。そして、もう一つ、首相が憲法改正に執念を燃やすのは、歴史に名を刻む総理大臣になりたいという名誉欲からでしょう。「初めて日本国憲法に手をつけた首相」という肩書、しかし、それが取り返しのつかない「汚名」となることに気づいていないのです。

2016年8月6日

***トルコ・クーデター未遂事件**…2016年7月15日夜、トルコ軍の一部がエルドアン大統領の転覆を狙って軍事行動に出たが、16日に政権軍によって鎮圧された。市民と反乱勢力が衝突し、民間人を中心に250人以上が死亡、2000人以上の負傷者を出した。エルドアン政権は在米のイスラム教指導者ギュレン師を黒幕と断定、米国に引き渡しを求めた。

戦争は人間の最も愚かしい行為
何の大義もなく、憎しみが残るだけ

問

ロシア軍のウクライナ侵攻で多くの民間人が犠牲になっています。国外に避難する人々や焦土と化した街の様子が連日、報道されています。常々、平和の大切さを訴えている美輪さんは今、どんなお気持ちでしょうか。

（東京都練馬区　会社員　58歳）

答

プーチン氏は単なる「戦争犯罪人」です

国と国の争いと言いながら、いつも理不尽に命を奪われるのは、何の罪もない子供たちや女性、高齢者です。学校や病院、介護施設、ショッピングモールなど民間施設を標的にするロシア軍の攻撃は、日々、激しさを増しているようです。祖国を追われ戦火から逃れる人たちの姿を見ていると胸が痛みます。私たちもできる限りの支援をすることが必要です。情報技術の発達した現代では、その映像が瞬時にテレビやSNSなどで全世界に流れます。

どちらに非があるのかは明らか。国連でロシアの高官がいくら声高に言い訳しても信じる人など誰もいないでしょう。戦いが始まれば、兵士は戦場に駆り出されます。街や家に残っているのは、お年寄りや幼子、女たちだけ。それを知りながらミサイルを撃ち込み、爆弾を投下しているのです。情け容赦なく住居や道路を破壊し、見境もなく人々を殺戮する。挙げ句の果てに国や文化まで滅ぼしてしまう。「戦争」は人間の最も愚かな行為です。これまで何度も繰り返してきたのに、また同じ過ちを犯しています。

「戦争」と聞くと、自国の領土や国益、国民を守るための武力行使と考える人が多いですが、それは違います。そう思ってしまうのは、言葉のまやかし、錯誤のせいです。実際はただの殺し合いです。ひとたび宣戦布告すれば、敵とみなした相手国の人の命をいかに多く奪い取るか、それが「戦果」となるのです。そこには何の大義もありません。あるのは、死体の山と憎しみだけです。すべての兵士は殺人犯、軍隊はただの人殺しの集団となるのです。

残虐な戦いを指揮するロシアのプーチン大統領は、まるで古代ローマの暴君ネロのようです。強大な権力を手にしたため、周囲の声に耳を貸さず、いつの間にか孤立してしまったのでしょう。ニュースでロシア軍のあまりにも残忍で執拗《しつよう》な無差別攻撃を見た時、プーチン氏の「私怨」を晴らすための報復ではないかと頭をよぎりました。案の定、軍事上の要衝である東部マリウポリは、2014年にクリミアに侵攻した際、住民の抵抗で支配に失敗。その時の「個人的な恨み」とウクライナの副首相が非難していました。「ウクライナの中立化、非軍事化」などに固執するのも自分のメンツを保つためなのかもしれません。

そうだとしたら、プーチン氏には、大国を率いるリーダーの資格はありません。米国のバイデン大統領の言う通り、ただの「戦争犯罪人」です。見逃してはならないのは、何度かお話ししたように、政治家の後ろで糸を引く軍需産業の輩たちです。武器弾薬を提供し、尊い人命を引き換えに大儲けしている連中を断じて許すことはできません。

一刻も早い停戦が望まれますが、それを後押しする国際社会も一枚岩とはいかないようです。とくにロシアとの関係が深い中国の動きが気がかりです。習近平国家主席は戦況を見据えながら、どっちつかずの曖昧な態度を取り続けています。核兵器の使用も辞さないとするプーチン氏がこれ以上エスカレートすれば、NATO（北大西洋条約機構）軍との全面対決の可能性もあります。そうなれば、第3次世界大戦にもなりかねません。もはや日本にとっても対岸の火事では済まされないのです。

2022年4月3日

戦争を止めるには、世界の宗教者たちが信仰本来の目的を取り戻すことが必要

問

なぜ、ロシアによるウクライナ侵攻のような戦争が起きてしまうのか。この世界に争いが絶えないのは、何か根本的な原因があるのでしょうか。

（群馬県太田市　無職　63歳）

答

互いを優しくいたわり愛で包み込めば戦争は起きません

それは、真の信仰心を持たない人が増えてしまったからです。

宗教は人々を救うため、人々を幸せにするためにあるはずです。各国で言葉が違

うように、それぞれの宗教で理念が違うのは当たり前です。しかし、共通していることがあります。それは、人を殺してはならない、傷つけてはならない、人を助けなくてはならない、思いやりを持たなくてはならないということです。どんな宗教であれ、根底に流れているのは「愛」なのです。

世界にはさまざまな宗教があります。キリスト教の中でさえも宗教革命が起き、カトリック教会から離反してプロテスタントが生まれました。多くの宗教、宗派が存在することは、商売と似ています。「あっちの水は苦《にが》いぞ、こっちの水は甘いぞ」と相手の欠点を挙げて自分のほうに呼び寄せようとしているのです。それは宗教本来の信心からかけ離れているのです。

本当なら、「あなたも結構、私も結構、お互いに歩む道は違うけれど人を幸せにすること、愛すること、思いやりを持つことは同じ」と考えるべきなのです。世界中の言葉や習慣は違っていても、宗教本来の信仰心を突き詰めて考えていけば最後は必ず、愛や思いやり、いたわり、優しさに行き着くはずなのです。ところが、人々の心の中に最も肝心なことが欠けているから争いが起きるのです。

ロシアのプーチン大統領はロシア正教を信仰していると言われています。しかし、本当の信仰心を持っていれば、ウクライナに侵攻することはなかったでしょう。侵攻後でも、ロシア正教のいちばん偉い人がプーチン大統領に戦争をやめるように説得すれば戦争は即座に終わるはずなのです。

戦争を起こさないために必要なのは、核の抑止力やNATOなどの軍事同盟ではありません。ローマ教皇ら世界の宗教指導者たちが一堂に会する平和会議です。その会議でみんなで理念を見つめ直し、お互いにいたわり合い、譲り合い、世界を愛と優しさで包み込めば、戦争など起きるはずがないのです。しかし、残念ながら宗教が全く機能していないのが現状です。

戦争が起き、それが続く原因はもう一つあります。繰り返しお話ししている軍需産業の連中の思惑です。彼らは、兵器をつくっても、それらが使用されずにお蔵入りになってしまっては一文《いちもん》にもなりません。米国の砂漠の地下に巨大な倉庫があって、そこに軍服から武器、弾薬などが眠っているという話もあります。つくったものは売らなければなりません。戦争がなければ、兵器は鉄のゴミになってしまいます。化学兵器も同じです。だから、彼らは戦争が起きるように仕向けるのです。その犠牲になるのは、他国の何の罪もない善良な人たちです。

この悪循環にストップをかけるためには、軍需産業を平和産業に切り替える必要があります。平和産業と言っても、現在のような経済性重視のデジタル中心のビジネスではいけません。ここはもう一度、アナログの世界に立ち返るべきです。そうすれば人間性の大切さを再確認でき、多くの人が正しい信仰心を持てるようになるでしょう。

2022年5月1日

日ごろから政治経済や国際情勢などに興味を持ち、知識を増やす

問

戦争の犠牲者が増え続け、地震などの自然災害でも多くの人命が失われている。悲しいニュースばかりです。過酷な現実にどう向き合えばいいのでしょうか。

（東京都品川区　会社員　32歳）

答

衝撃的なニュースを見ても、事実を冷静に受け止めて

暗闇に閃光《せんこう》、凄《すさ》まじい爆発音、逃げ惑う人々、泣き叫ぶ子供たち。こんな悲惨な光景が、連日テレビや新聞で報じられています。ウクライナ戦争の収束が見えない

中、民族的対立が続くイスラエルとイスラム組織ハマスとの間でまたしても大規模な武力衝突が起きてしまいました。戦争は人殺しです。どんな理由があろうとも決して許される行為ではありません。エスカレートすればするほど巻き添えになる市民が増えてしまうのです。

2023年10月、アフガニスタンで起きた巨大地震では2000人以上の尊い命が奪われました。テレビに映し出されたのは、がれきの中で呆然とたたずむ親子の姿でした。急速に進む地球温暖化の影響でしょうか。この夏はかつて経験したことのない豪雨や洪水が各地で発生し、多くの人々が被災し、大勢の方が亡くなりました。戦争や大規模災害の犠牲者の大半は、女性や子供などの社会的弱者と言われています。なぜ、無辜の人たちばかりが苦しめられるのか、いつになったら平和で安全な世の中になるのか。つらいニュースが流れるたびに世界中の人たちが、やり場のない怒りと深い悲しみに打ちひしがれています。

ご相談者もきっと同じ思いなのではないでしょうか。その気持ちは優しさや思いやりから生まれる、人として自然な感情でしょう。どんな時も誰に対しても忘れてほしくない大切なものです。ただ、感情的になり過ぎるのはいかがなものでしょうか。困っている人たちを助けたいが、どうすればいいか分からない。遠い国のことなのでなすすべがない。そんな自分にいら立ったり、落ち込んだり、モヤモヤとした気分で日々を過ごすことにもなりかねません。

今や通信手段や技術の発達で、ありとあらゆる情報が瞬時に地球を駆け巡る時代になりました。テレビや新聞などマスメディアが伝えるのは、往々にして戦争や災害、殺人、強盗、事故など悪いニュース、暗い出来事ばかりです。受け手側の私たちは、どんな衝撃的なニュースも感情に流されることなく、事実を冷静に受け止め、理性で対処したほうが良いのです。そのためには、心は温かく頭の中はつねにクールにしておくことです。そうすれば、助けを求める人たちのために、今、自分に何ができるのか、おのずと見えてくるでしょう。

ネット上には、悪質な噂話やフェイクニュースが氾濫し、生成ＡＩで作成された精巧な偽動画もアップされています。それらに惑わされないようにするには、日ごろから政治や経済、国際情勢など幅広いジャンルの出来事に興味を抱き、少しずつ知識を増やしていくのが良いかもしれません。真実を見極める力も次第に身につくはずです。これから情報化社会はさらに進化するのですから、現代人にとっては必須の素養となるでしょう。

もう一つ、オレオレ詐欺がニュースになって久しいですが、いまだに後を絶ちません。2022年の被害額は、360億円以上です。電話で身内になりすまし、嘘八百を並べ立て、狼狽《ろうばい》した高齢者から金銭をだまし取る卑劣な犯罪です。断じて許すことはできません。いずれも人の感情に付け込む巧妙な手口です。詐欺に遭わないためには、頭の中をクールに保ち、何を言われても動揺しない、相手にしないことです。くれぐれもご用心を。

2023年11月5日

本書は、スポーツニッポン紙上で連載された
「美輪の色メガネ」（2013年2月2日～2023年12月3日）から
厳選して加筆・補整を行い、まとめたものです。
文中に登場する役職、肩書等は掲載当時のものです。

美輪 明宏（みわ・あきひろ）

1935年、長崎市生まれ。歌手、俳優、演出家。国立音楽大学附属高校中退。16歳でプロ歌手としてデビュー。銀座のシャンソン喫茶「銀巴里」で注目を集める。1957年に「メケ・メケ」、1966年に「ヨイトマケの唄」が大ヒットとなる。1967年、演劇実験室「天井桟敷」旗揚げ公演に参加、寺山修司の「青森縣のせむし男」「毛皮のマリー」、三島由紀夫と組んだ「黒蜥蜴」ほか数多くの作品に出演。以後、演劇・リサイタル・テレビ・ラジオ・講演活動などで幅広く活動。1997年、舞台「双頭の鷲」で読売演劇大賞優秀賞を受賞。2018年、戦後の日本にジェンダーを超えた生き方を示したこと、長きにわたり舞台・映画・テレビ・講演・著作と多方面で夢と感動を与えてきたことなどから、東京都の「名誉都民」として顕彰される。著書に『紫の履歴書 新装版』（水書坊）、『ああ正負の法則』『明るい明日を』（ともにパルコ出版）、『楽に生きるための人生相談』（朝日新聞出版）、『ほほえみを忘れずに。ルンルンでいきましょう』（家の光協会）など多数。

● オフィシャルHP　http://o-miwa.co.jp
● 公式携帯サイト「麗人だより」 http://www.reijindayori.jp

ブックデザイン … 中島健作
写真 ………… 御堂義乗
構成 ………… 川田一美津
マネジメント …… オフィスミワ
編集協力 ………… 阿部えり
DTP ………… センターメディア
編集担当 ………… 峯晴子（毎日新聞出版）

私《わたし》の人生論《じんせいろん》
目《め》に見《み》えるものは見《み》なさんな

第 1 刷　2024年6月10日
第 4 刷　2024年7月25日

著　　者　美輪明宏《みわあきひろ》

発 行 人　山本修司

発 行 所　毎日新聞出版
〒102-0074　東京都千代田区九段南1-6-17　千代田会館5階
営業本部：03(6265)6941
図書編集部：03(6265)6745

印刷・製本　中央精版印刷

ISBN978-4-620-32809-6